JN172996

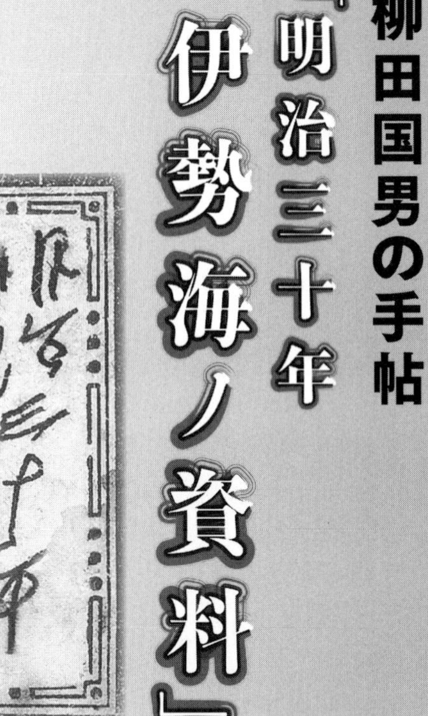

柳田国男の手帖

「明治三十年 伊勢海ノ資料」

【編著】岡田照子・刀根卓代

伊勢民俗学会◉発行
岩田書院◉発売

刊行にあたって

伊勢民俗学会代表
岡　田　照　子

柳田國男は伊良湖に滞在したとき、「初めて荒浜に働く人たちの朝晩の生活にまじった」経験をしたという（『定本　柳田国男集』第２巻　附記（旅行、略歴）477頁、1962年）。それは嵐の次の日に出かけた恋路が浜で「椰子（やし）の実一つ漂い寄りたり。打ち破りて見れば、梢を離れて久しからざるにや、白く生（なま）々したるに、坐（そぞろ）に南の島恋しくなりぬ」という体験であった（『定本　柳田国男集』第２巻　遊海島記　474頁、1962年）。遠き国よりこの海辺にたどりついたのであろうことを思い巡らし、島崎藤村に語ったことから「椰子の実」の歌がうまれたといわれている。

柳田國男が伊良湖岬（いらごみさき）を選んだのは、田山花袋の友人であり、國男とも親しくなった挿絵画家の宮川春汀（しゅんてい）から、故郷（愛知県渥美郡畠村—現渥美町福江）の風景の美しさや、土地に伝わる「珍しき風俗、おもしろき物語」についての話を聞いたことによるという（伊藤良吉「伊良湖」野村純一他著『柳田國男事典』1998年、清田治「挿絵画家宮川春汀の生涯」渥美町郷土資料館）。

柳田國男の手帖『伊勢海ノ資料』との出会いは、伊良湖岬に流れ寄った椰子の実と同じように、「偶然の遭遇」で「予想していなかった事」であり、不思議な縁によるものであった。

女性民俗学研究者の先駆けである瀬川清子（1895～1984）に、昭和19年大妻女子大学に入学した私は師事した。瀬川は、雑誌『島』に投稿した「舳倉島の海女」が縁で柳田國男主宰の木曜会に参加するようになり、第一回山村調査に始まり、次々と日本全国の民俗調査を実施した研究者である。瀬川の研究に関しては、『瀬川清子　女性民俗学者の軌跡』（岡田照子編著、岩田書院、2012年）にまとめたが、その後、瀬川が「私の宝物」と呼び、客間の本棚に大切に保存していた「採集手帖」の存在が気になり始めた。山村生活調査、海村調査の調査報告である「採集手帖」は調査者、調査地ごとに2部ずつ作成され、原本1冊は柳田國男に提出され（現成城大学民俗学研究所収蔵）、控の1冊は、調査者の手元に残されていた。

その「宝物」の行方を探し、平成25年7月10～13日、瀬川清子・三郎の遺品等が寄贈されている鹿角市立先人顕彰館と十和田図書館を訪問した。『瀬川清子　女性民俗学者の軌跡』で、瀬川の「二十歳の自伝」の翻刻を行った刀根卓代も同行した。探し物は「（ご自分の）目と記憶の耳でお確かめください」という鹿角市立先人顕彰館館長小田嶋隆一先生の温かいお励ましを受け、収蔵資料を調査することが許された。その折の報告は、「瀬川清子関係資料の収蔵状況Ⅰ」に記した（岡田照子・刀根卓代『女性と経験』38、女性民俗学研究会、2013年）。

現在、十和田図書館には、図書・雑誌（瀬川が生前直接寄贈したもの、没後、遺族から寄贈されもの）が収蔵され、それ以外の瀬川関連の資料（自筆原稿、書簡、写真、パスポート、バッグ等の身の回り品、収集資料等）が鹿角市立先人顕彰館に収蔵されている。その鹿角市立先人顕彰館の瀬川関連資料の中に、「瀬川の宝物」＝「採集手帖」24冊が収蔵されていた。平成2年7月、瀬川が生前、大切なものとして義妹岩船エン氏に預けていた資料が寄贈されており、その中に含まれていたものであった。その「採集手帖」については、影印をＤＶＤに収め、解説を付し、『採集手帖（沿海地方用）、郷土生活研究採集手帖全24冊』（瀬川清子研究会、岩田書院、2014年）として刊行したが、その折に、もう1冊、「採集手帖」とは明らかに異なる黒い手帖があった。それが、今回、ここに影印として刊行する柳田國男（当時は松岡國男）の手帖である。

この「黒い手帖」は、大きさ縦13cm×横9.5cmで、外国製（モレスキンの商品ではないか）と思われる丸背仕立ての上質な手帖である。その表紙には、題簽のような貼紙（朱枠がある特製の専用紙か。17mm×31mm）に、朱のペン書きで「明治三十年伊勢海ノ資料」とある。冒頭の頁に同じ朱のペン書きで「前半ハ伊良虞手帖　明治三十年ノモノ」とあり、中は多くが鉛筆書きである。この手帖の存在に関しては、柳田國男関連の書籍には記されていない。

柳田（松岡）國男の「黒い手帖」を、なぜ瀬川清子は「私の大事な宝物」と一緒に、誰にも知られることなく保存していたのか。「疑問」は日々増大するばかりであるが、以上のような経過をもって、鹿角の先人顕彰館から、この手帖のタイトル「伊勢海ノ」この地の編者の所まで、流れ寄って来たのである。ここに完全影印本を公けにすることによって、後学の研究者へ資することとした。

なお、表紙に記された「明治三十年伊勢海ノ資料」の年代特定等については、本書解題・解説「はじめはじめの伊良湖ものがたり」を参照して頂きたい。

目　次

手帖「明治三十年伊勢海ノ資料」

柳田國男の手帖

「明治三十年
伊勢海ノ資料」

明治三十年

鹿角市先人顕彰館

Kein Einst und Drüben
Nur ein Jetzt und Hier.

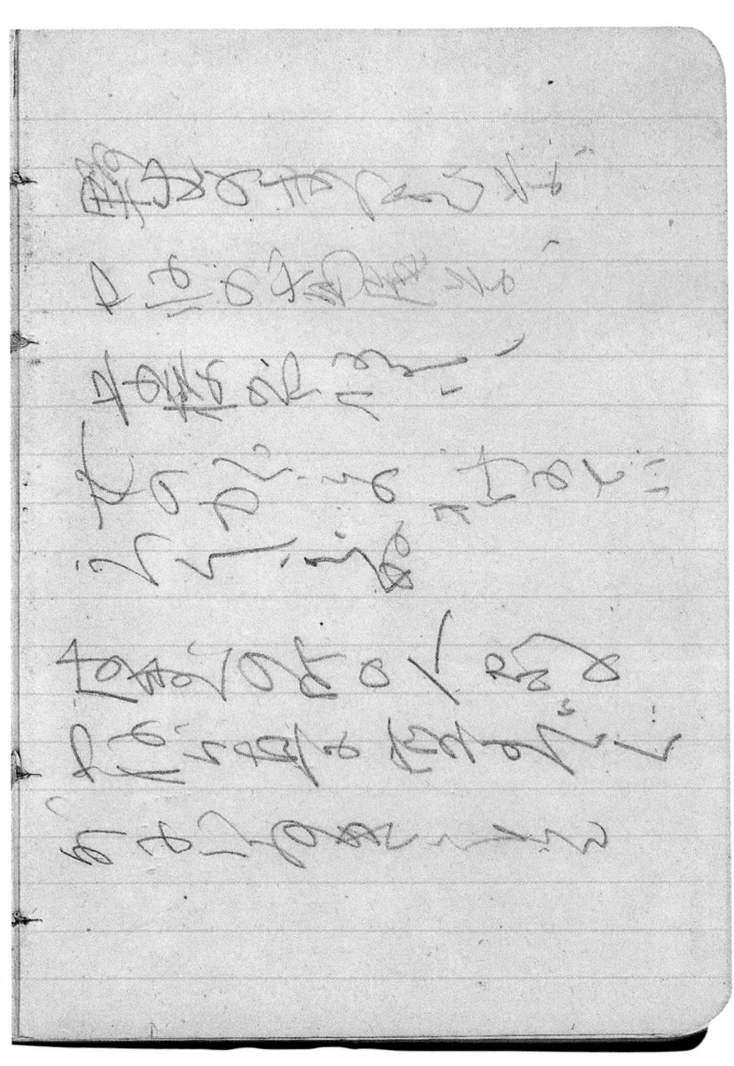

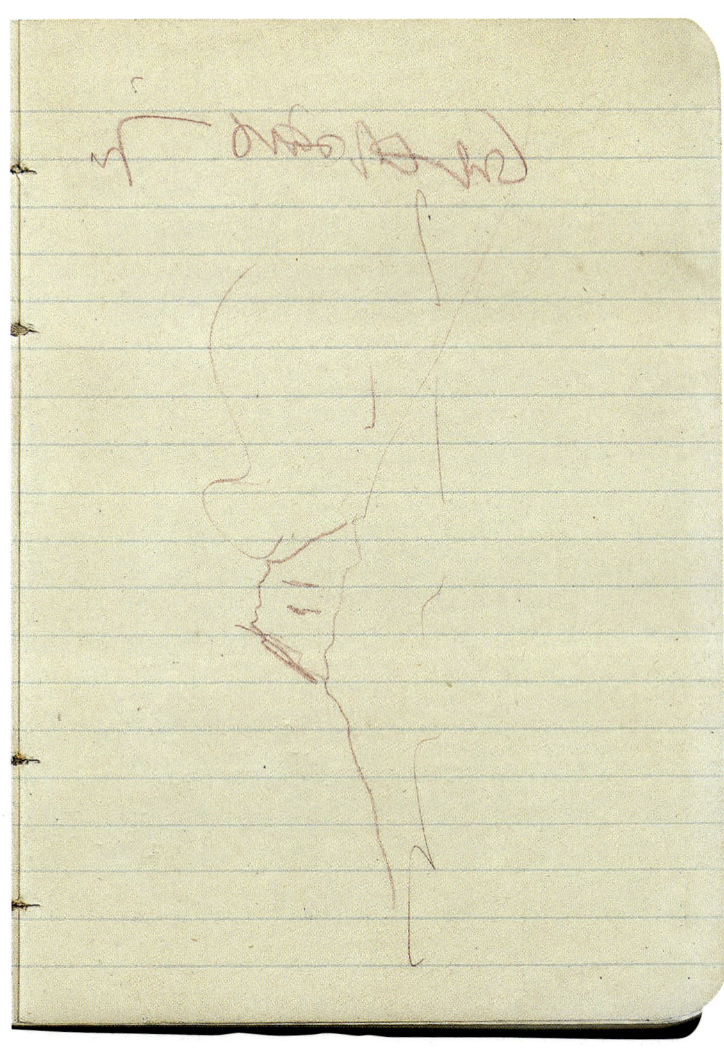

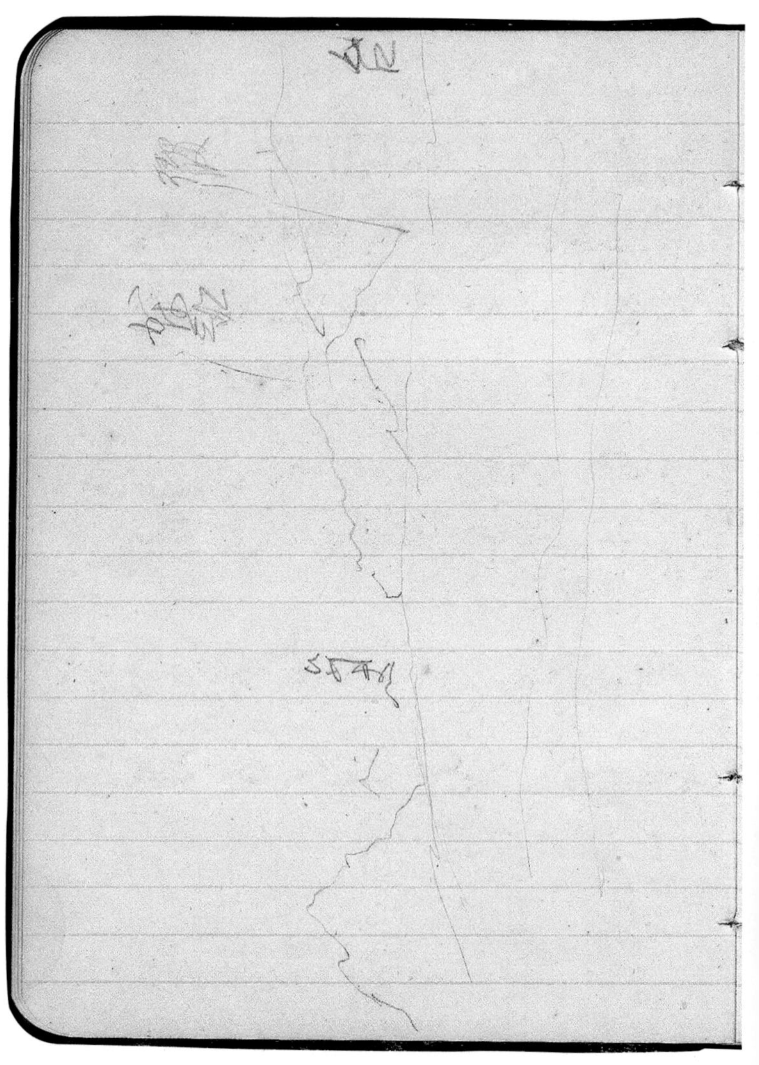

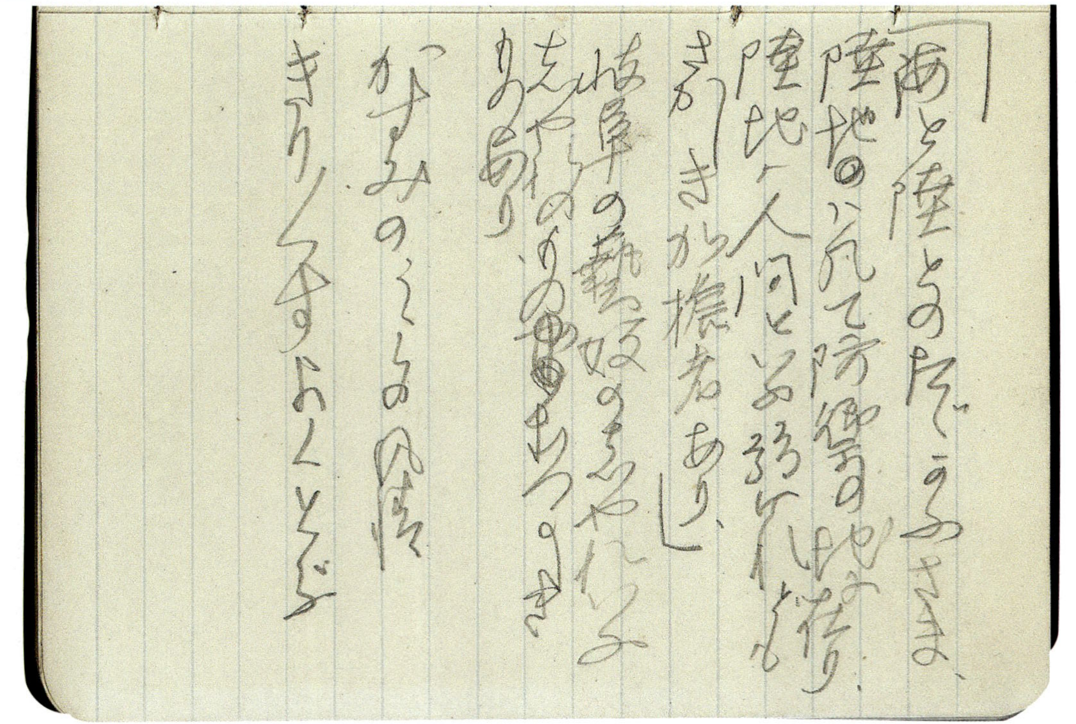

「海と陸とのたゞかふさま、
陸地の穴で防禦の地形
陸地人間と弱い化石
さびきから擦者あり、」
故郷の藝妓のまゝや仕子
ちやほやの毎日まつりさ
わあるあり
かすみのくらの陰
きりくすよくとぶ

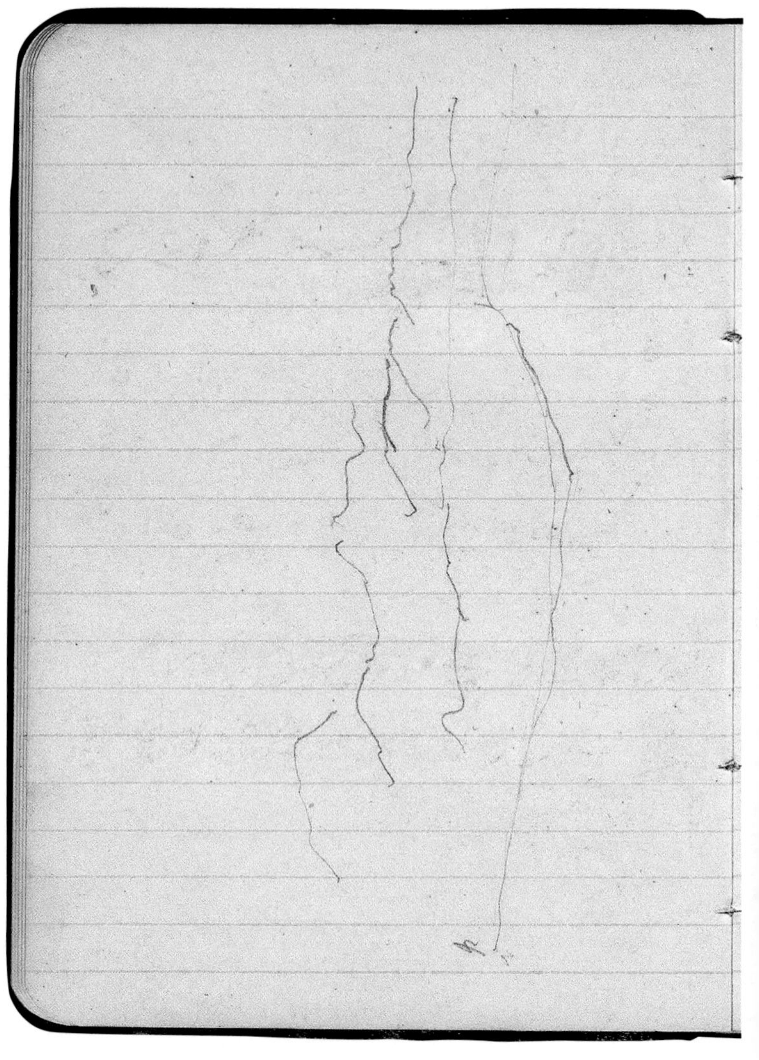

詩山にかくるゝの
詩り
法宗、いのかい
せとひとおね。
重き椎の雌の羽のいろ
麻舟なる貝の髪毛の
やうなり、

Catullus,

Villon

There are certain mirrors, so constructed that they would present even Apollo as a caricature. But we laugh at the caricature, not at the god.

Heine

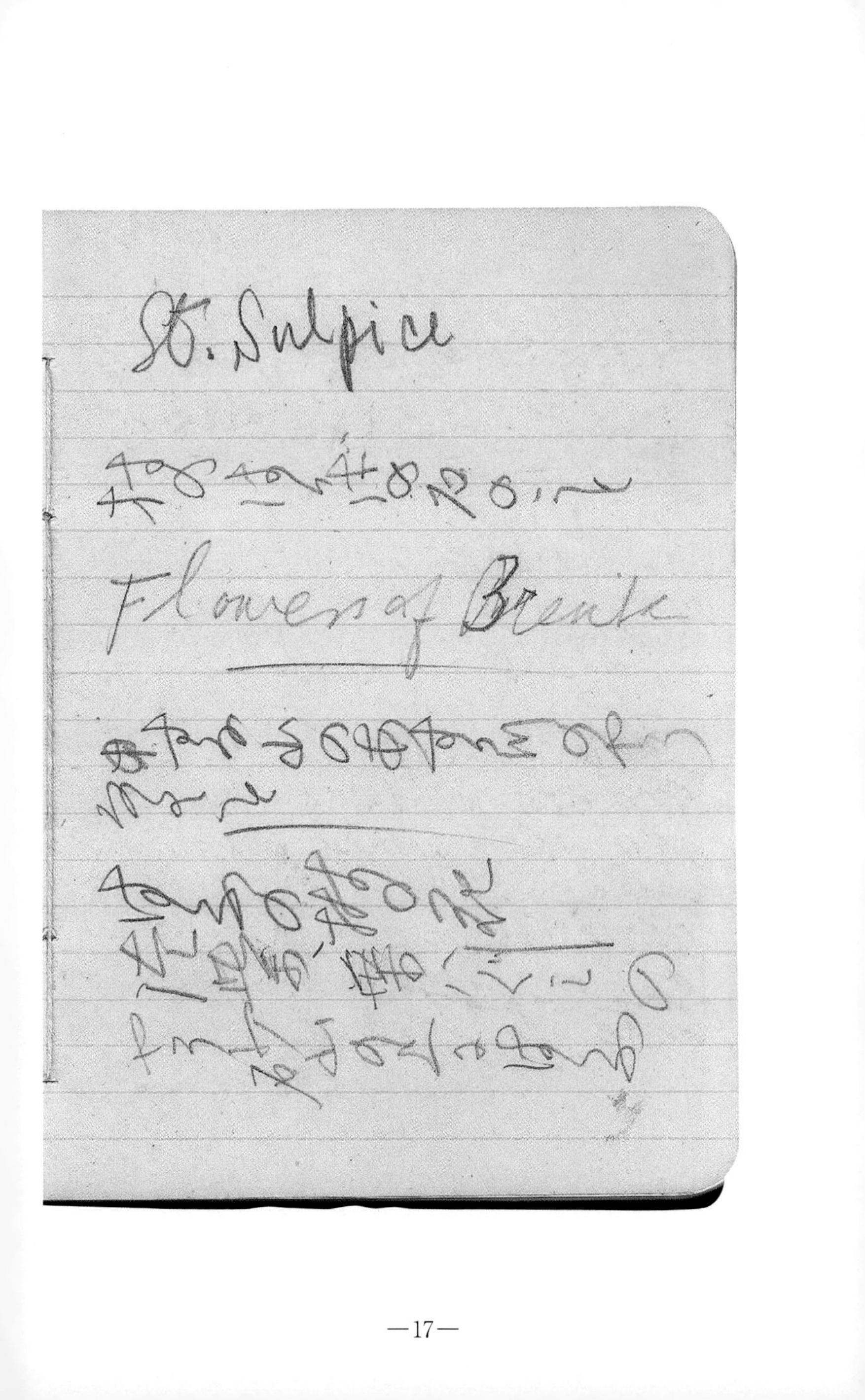

St. Sulpice

Flowers of Brenta

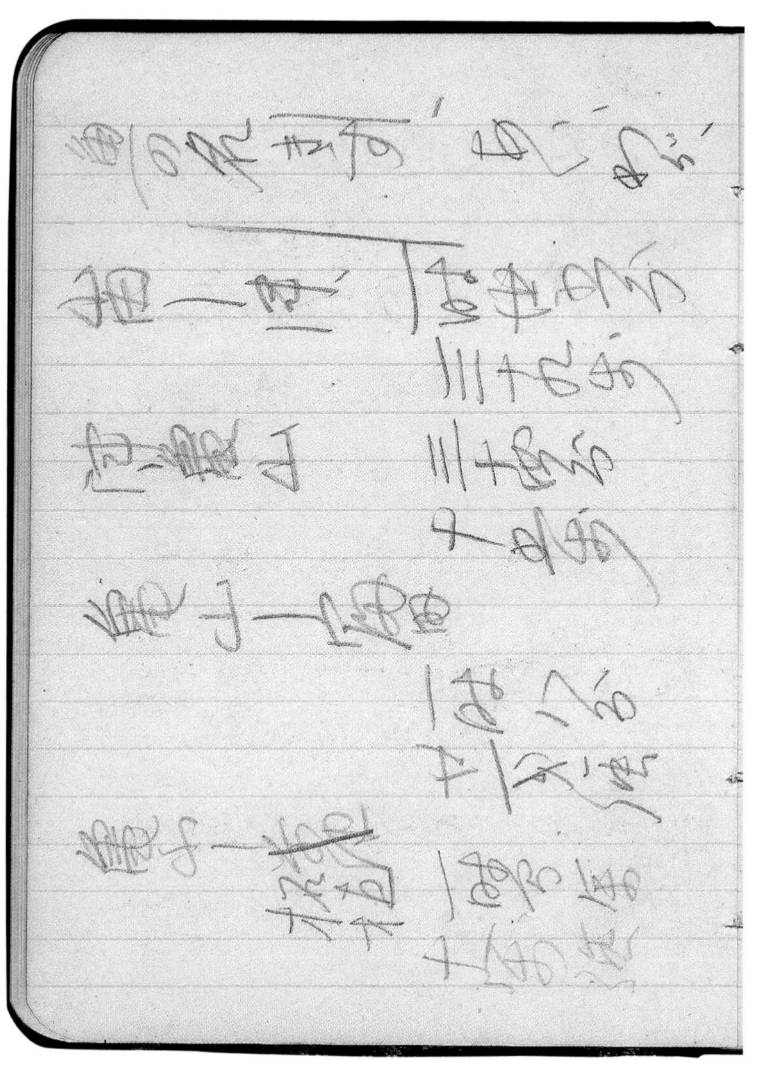

杉枝—大佛 二時五分

四十五分

奈良—湊町 二時間

湊町—大阪 三十二分

廿七分

大阪—神戸—一時間 八分

三十分

神戸—岡山 七時間

円十銭

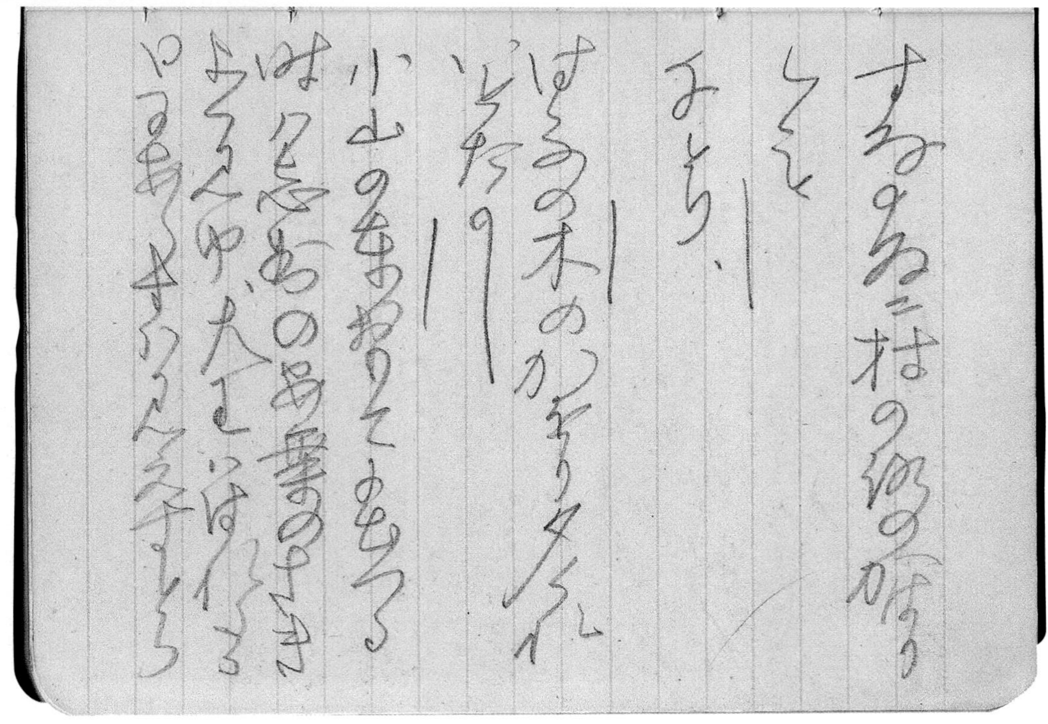

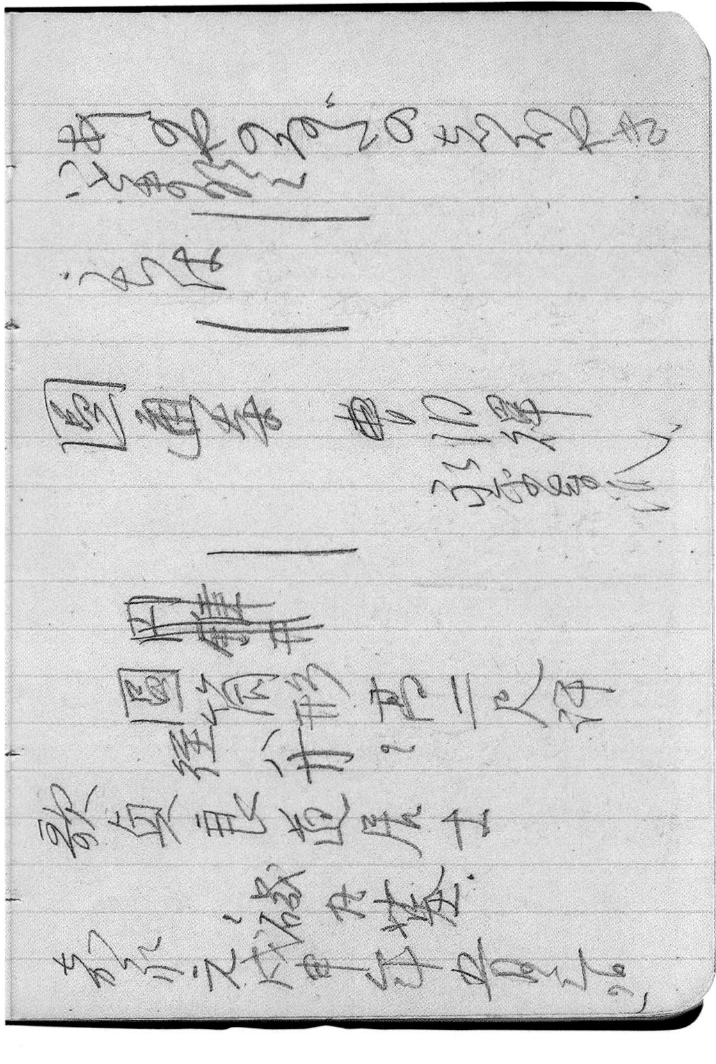

塩島

岩隈村六〜

—

日光修行の法明神を

修験僧が修行したと、

土佐にはすしのすしあび

「いのひ（茂集）ハ村よ

関係あるすのありて

ようあつめて捺はすた

返るなり

一代二十八回限、但

其のひあり

貝ハ一つ平均十匁ほど
（換価さ）平均五厘ぐ、
さし八円たるものハ百斤
（十六貫目）二十五円位
まで壹貫買するべし
之を買ふハ支那人のみ
土地のものハ何より之を嫌ひ
食らず、

この貝より出る珠ハ一匁
四五十銭、一季に一人
十五六匁とるものもあるとか

九月二十四日（月）

干潮　五ツ三分、
即ち九時三十六分
一下ゝ四分（四十八分）ておく
掃てゆく
さらに二十ハト六　四ツ六分
即十時二十四分
日満潮ハ六時間の後て
廿を八三時三十六分、
次の干満ハ四年后ト時刻ト

いつもの珠ハずれて身の
内み取りてあり間違れて
之を差ヰみするときは

再び之翠ぎりとるすこと
多くは開花の後なるべし

〈すゞき、
桂樹のたくわすん、

鷹皮の樹、（模ちすれの）
花はさくいろの同形
のまえ狩りそさく
葉ならつぎに似ゝる

それよりは舟ゆくとて
路向の河を下れば伊
豆的は出のそと見え但き
西は武の子、
凡そ見ればゆけば山ちと見えず
るべし
西ゟより河ほど砂原は
十里程皆まで左流
る松原を同じ佐流
の陣屋ありて中ゆ船
あちのめの山村の舟を

こひとつて切去えしらは
この地方の移動定まらず
爪のみこさす力すこに
秋山もーみこそり杉林の
地に於くあみ隣りやえん
とすと果樹山の阪は
て地をそのまゝて桂危
やけく

村の生活出る人とはま
多きて、
奥山の村との相違

[illegible]

[illegible]

Poetry is, perhaps, a disease of humanity as the pearl is the morbid matter of the diseased oyster.

[illegible]

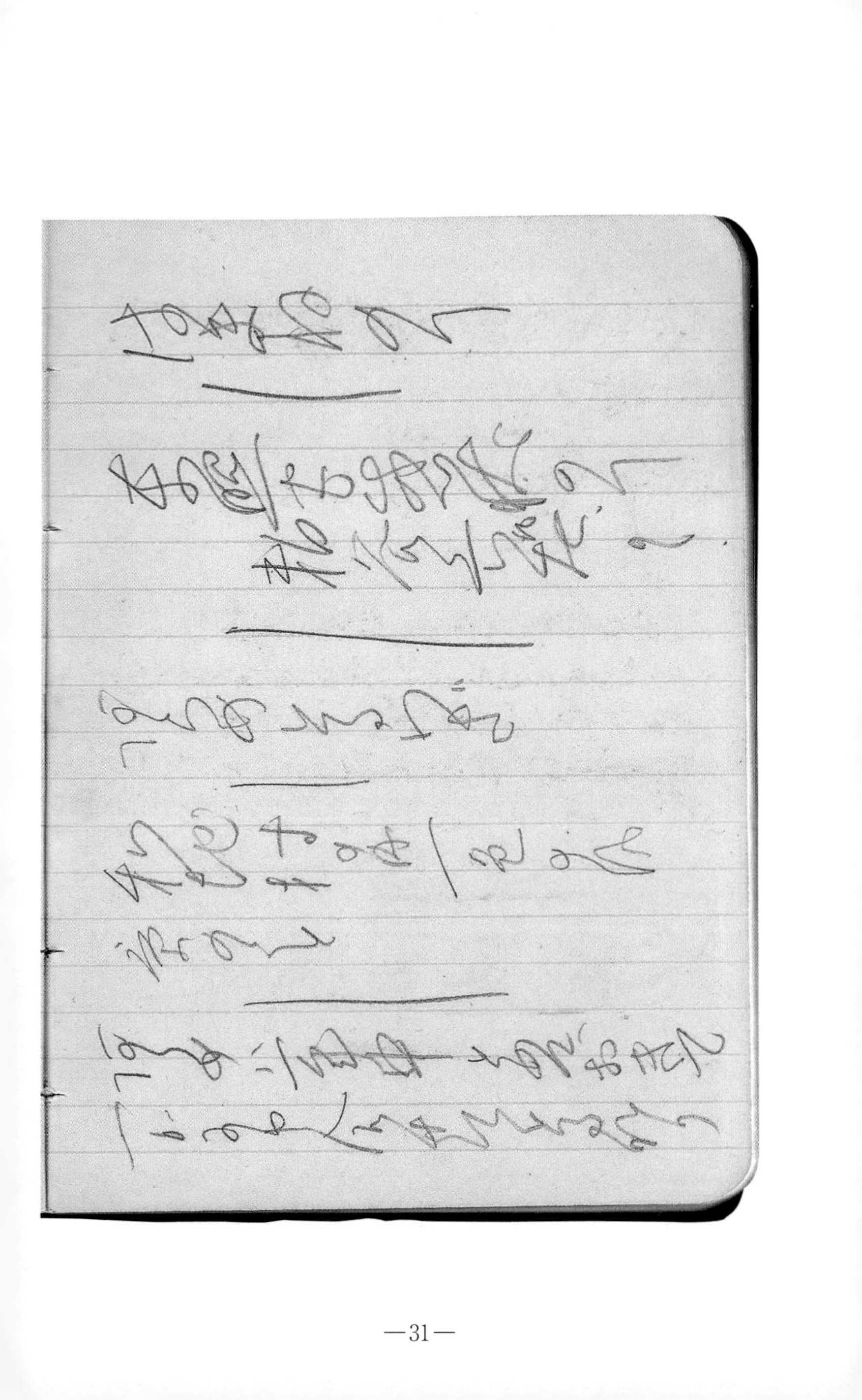

常滑の陶器　赤土もの　茶瓶など
亀山、知多、那古屋もあり

万古、[illegible]四日市の
小向村（をぶけ）又小風汁
弟子「万古不易」の語を用
ゐしにより名あり、
（たま古）

（射和、万古）
イザワ、杉坂の西南　別あり
今なほやくやきもの　三四里

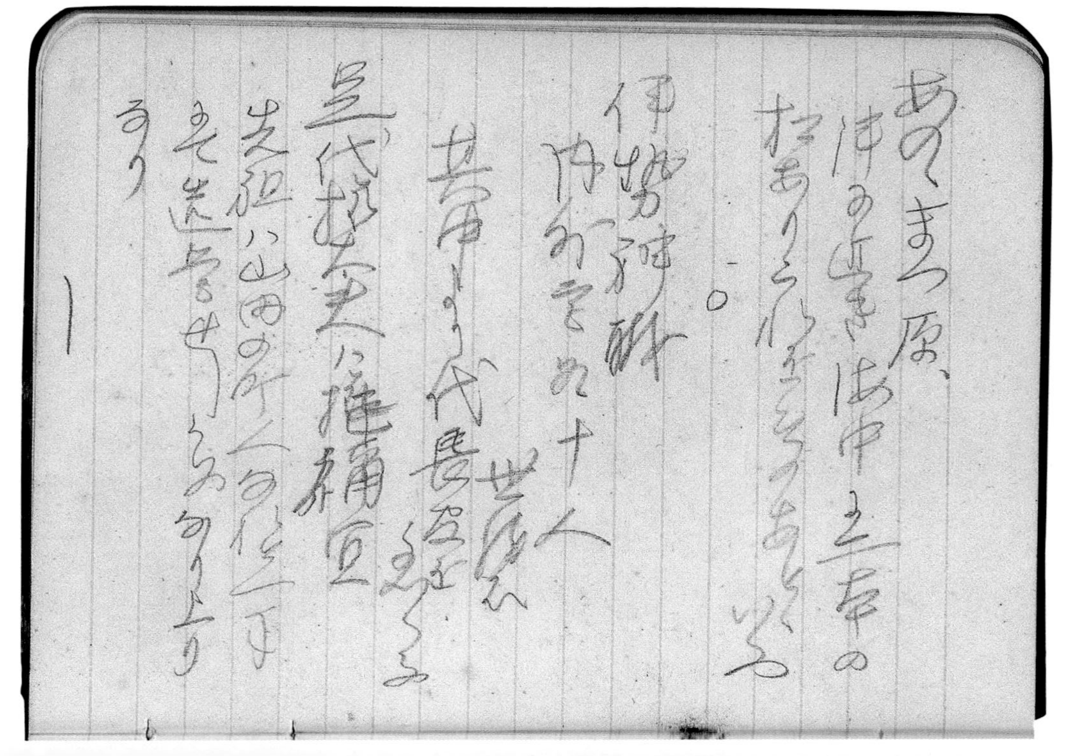

[illegible]到来の時
佐々木[illegible]ノ入ル武運長久の祈
願あり　きらら

明治[illegible]の伊勢参記の
[illegible]の日誌
江州岩間三郎兵衛の記録あり

大阪古松、[illegible]の[illegible]
日向辺越中の家にあり

出雲（平底船）
杵築より二里[illegible]

くしまのはなし

。

大陸歌　ちよ気　磯氏

雨あれ

ゆきにこほりに

かきつめて

火がけむりより

あくまのめく

ふく保言保氏花

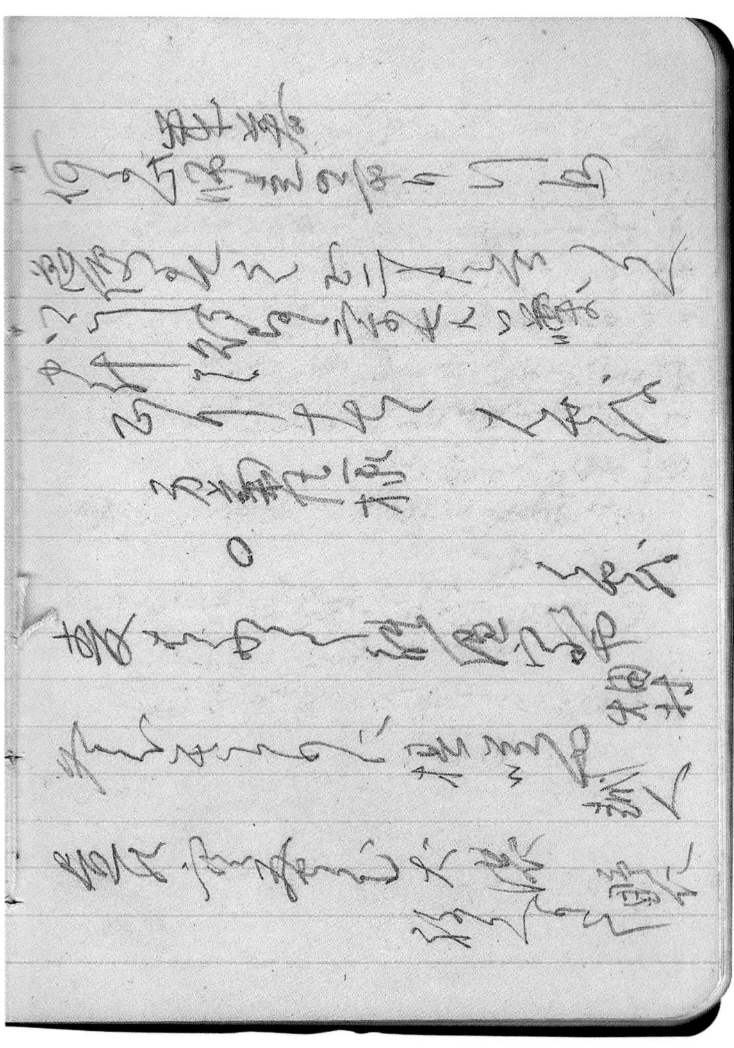

元禄二年己巳春枯木ノ事 ○

[illegible]

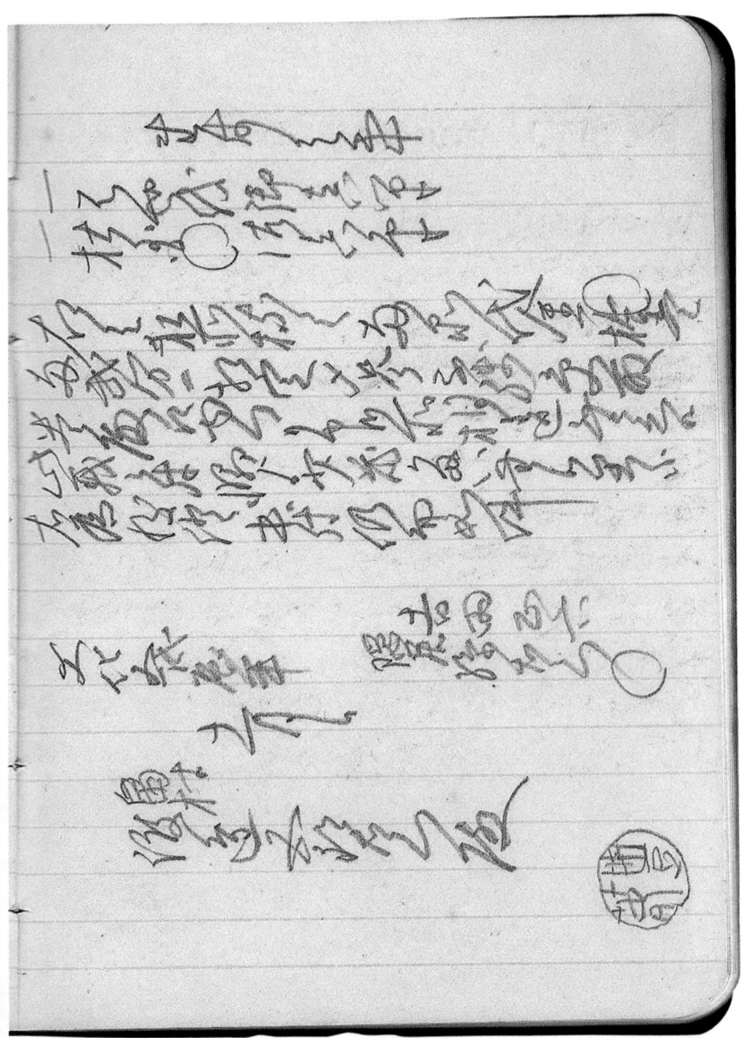

渡辺氏 先代は保美村の古
より二幅そのまゝもらひたり
其時のかまつけといふもの極め
て古い杜国の世のまゝを反映せる
ものなり、
杜国の文章は一篇だけ短かき
もののうち極めてかきつけたれ
ば極めて意味深い意義あり
ろ出ーてまれうき思ひ
のみに於けるものあり、まる
漂泊老人とせし印の形を見
るべかり

○

杜国

名たかの士を訪ねあり流
さい その他にもあり
ありといふ、このある人なしや

着く、伊美村の某寺に詣り、
きはめて静粛せりといふ声を
入ず

うちそぎるみの花ゆきを 伊美の国や
伊美の関をさきに 玉の かりまゐす
うろみの、いのちぶるみ 伊美の山
伊美の関りますに 玉乱 かりつい こそ
ふみのおほきみの手ぢから入れたる

1764 樹 。
常光寺の光住職(甚)伊美の関の
傍に、か、る大なる松の木の下に壬
坐禅せり 共はすでに伊美の関お
の円通院(常光寺の末寺なり)

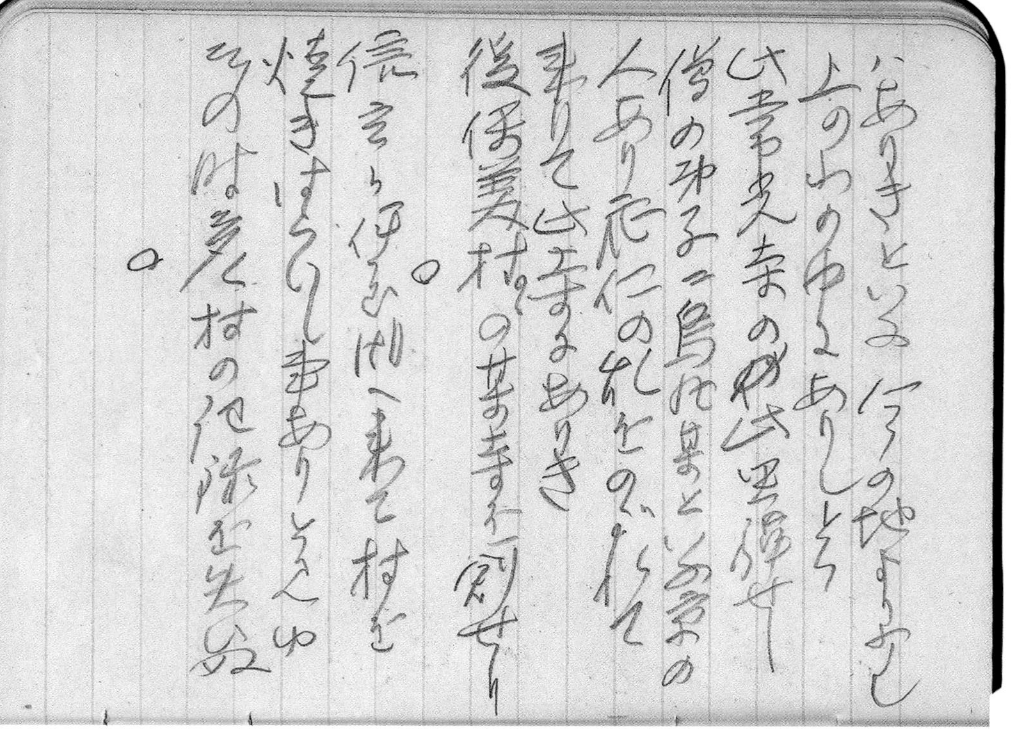

いありきといふ何の地よりか
上の山の中にありしとぞ
此寺も久来の中此里僧せし
僧の弟子二島氏某といふ者の
人あり尼仁の外にのぼりて
まりて此寺にありき
後保美村の某寺に寓せり
信玄ら伊那川へ来て村を
焼きすてし事ありといへども
此の時多く村の什器を失ふ

はりばこは天然ころしや
死人の多くはのがれて此地へ
来れば桜の花とりく

。

一ツまるか蘭、
花枝よおりて咲く色白
葉は花菖蒲や、似たる
円通院もそえたり

。

ませ、
~~未の花~~
。みるこのませ
うかまぜばふくらぞ
そぞろつきそみるかな

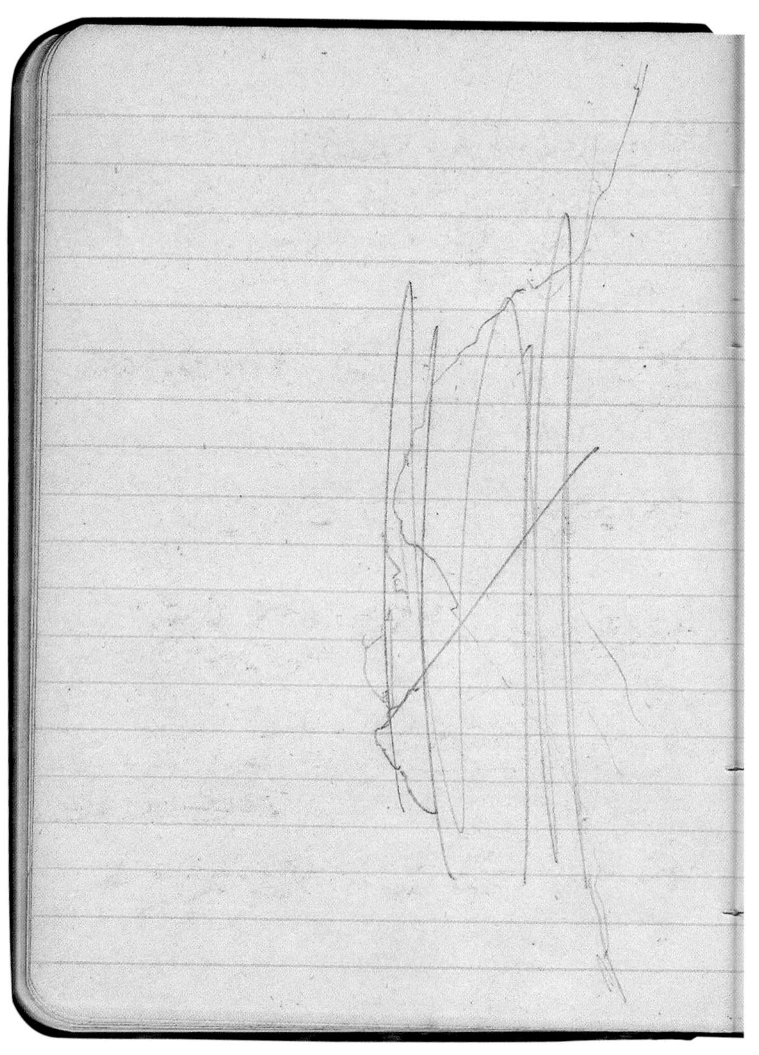

禅門法話集　一、二の巻。

白隠禅師のこと。

説示すること。それらの言葉

ゐぞの世。　凡の名

土用なること。　土用に入りて四五日　小身にぼらる

諸佛菩薩値億劫時一遇。　法華経序品

求名は弥勒の前身

やすし

えびうた。つばめうた

上さい。へとる

。

和江と西洋形と和折衷上等

帆船、帆柱ハ二本なとあり

帆ハ洋形ナリ桅ハ日本のそれハ

暴風のおりと雨あつくいたく

又桅てつのみはらはるの

ろてあるから後を二尺五寸

ぶろす其のみのとりのこと

ヤうやく色しろか空をゆく
その光に空はあまぎりやけの瓦礼
ずいづつへしあの才たるその化わき
ておつるとき雷のひきりひきを
あすとふ

。

ザブ　あざらのこ

。

よいの明星ハ光きらめいて明る礼
ハ松の漁るとさきうくとらしく

。

たよつぼり山ハ昔ハこうもてほほ方
さきき実りうかしこつて西風人
四昼すぐてせりとり　二十七年

— — — — — — — Andre leben wir,
Noch Andre denken wir
Zu sein; wir scheinen
Noch Andre — Andre macht
die Zeit aus uns.

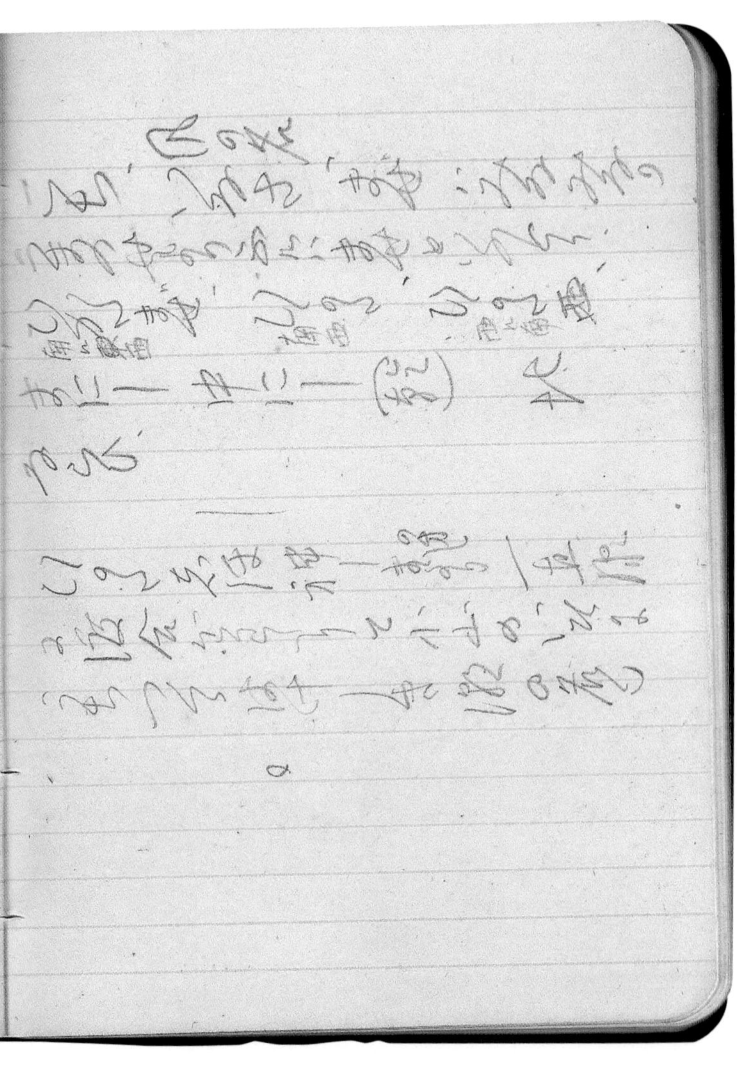

文禄以後

徳ノ島　尾名多那

元ハ世話人那山田の荘

子孫の田、徳嶋、

神役

中世ハ志於茶志那とこわり

比あり、

博士（吉信）

古博士必見寮、書洞字

紀多那石法寺某寺

博士ハ輕貎比代々室賀左近太夫

の居住

宮齋

皇子の號
一位軒
延元三年（北朝暦応元）閏七月廿五日
義良親王奉陸奥親王又准后親房
遣鎮守府将軍顕信、并上野守
結城宗広左兵衛佐新田義興
左馬権守北条時行等扶ケ出ニ向フ
八月十七大湊ヲ発シ九月十日伊
豆崎（遠天竜灘ら）ニ於テ颶風ニ逢ヒ
義良親王ハ篠島ニ漂着す、

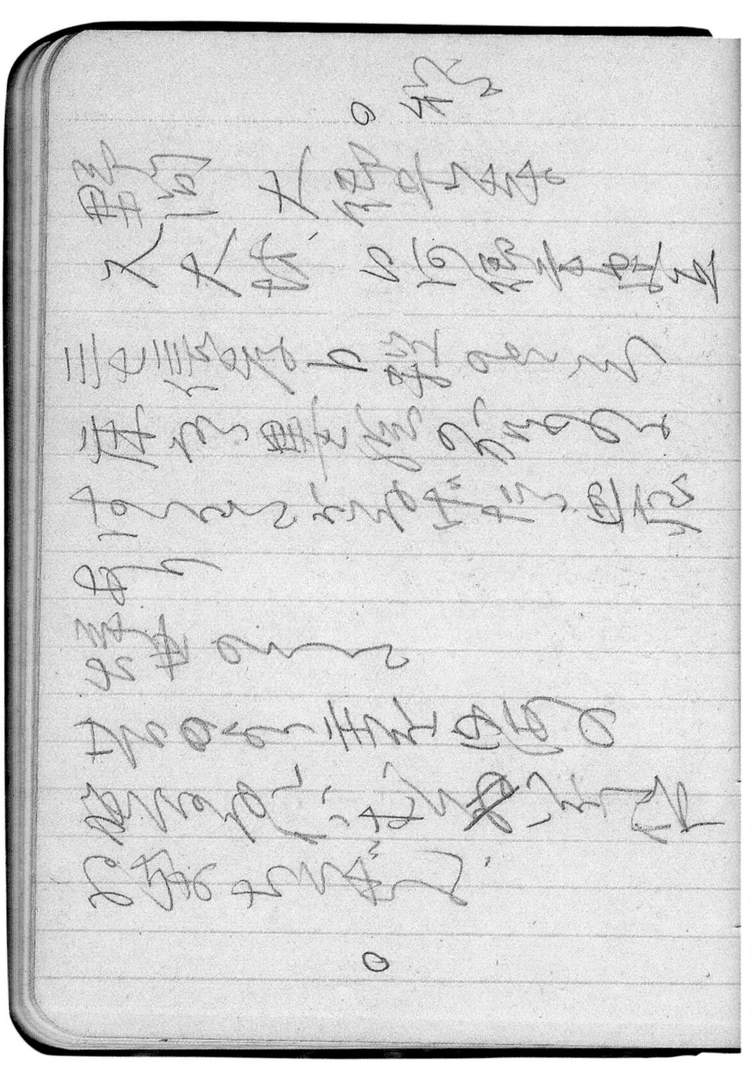

〇大雅より陳書の画巻都い

松紀ら近衛追善供養

の式一幅

義経二重みあゐの画帖一幅

~~展~~ 由忠敏 辞世り

ねむっていたものばかり人生のや

みがるはるかなる人へ人こそ来る

尾参の沿岸の蠣は
昔重宝がり大にすゝる
人々をもちまれて知多の
岬は放養せしも頓に絶
せるもりしも

○　秋田より

悠久の大陸至極の中に
の静けさ此の禅定の道場に
自ら生して悍かる法理薬経
ばからかねの鐘八つ生まる
ありせざるが近年のことゝ言ふ
話の残りは多分くずしてかなわず

九ヶ条ゟ

○後柏原院の御宸筆

家の風ふかずとも作ほしき

きゝの古歌

○小野お通の筆と云ふ

かなさきの法華経

○弘法大師筆の経文

○時政筆の大般若経断片

○弘法ゟ廃ずりもちえし

○K 愛染の[illegible]（酉年）

○服[illegible]司のまんだら

○べんけいの筆　仏けん像

のすゑのよろひ
○啓運紀の寒山拾得二幅
○探幽の蓮と鷺の画
山門は寛文七年再建、
義経 弁慶夫婦のはかあり
義経のはらにさせし髭の木をく
刀あり下より之れをみあげて
墓の石みのしがほしかろふ
とりふ
信者 夕顔のれすめるか あり
拝せるかすしばらくあり
屋根なる寺院せし大悲閣

家康の時よりの僧よ庵お
延伴廿ニあり（元はのは
社に合し荒せり（後たる
僧も入つ住し、かさずゑさせ
く、に代の像より字を揃へす
とて木をもふかきつけてあり
あるかなり
の

泉福寺
本尊十一面観世音
行基作
朱印地高五十七石、
今川の時兵燹にかかり
一時はおとろえしも
三河卿の時保寧の
ことありて再建の第
あり[illegible]
[illegible]居住戸田甚三郎
さる

十七

梅溪和光覚

中興開山鏧海より

大泉寺は眞言宗

聖武の天平十五年創建と傳ふる

一つめぐ心 実ハ ふあの耳

和地林匝摘まま
般若経

大事ハ未曽有中
当医俗覚川而学
霊体の[illegible]近くて
ニ来り来すをたふとふ
或仏仏又ハ[illegible]和神
医王寺ニこのを
[illegible]
往年甚ありし
[illegible]

一つば その名

元禄七甲戌年二月廿日
法名釋寂退三姿位
南巻左衛門柏直之墓

隠岐名古屋人也ト富家
不破郷甲越下文藝
能生泡貝値産通業
始来白村後移保美
真言ノ和年芭蕉氣

桃青自東武赴京師
三河訪杜国而到于畠村
吟行於伊良湖以集（玉）
存於保美二三子洲共畠
村老行在々因之住り安
老懐少接人愛發真不単
人壮年哀傷因病湖中遺言
殊葬於潮音原二三子聞之
追悼欲共名不朽建石碑於
墓側故以記其大略之爾
近村元宰里子牧九人

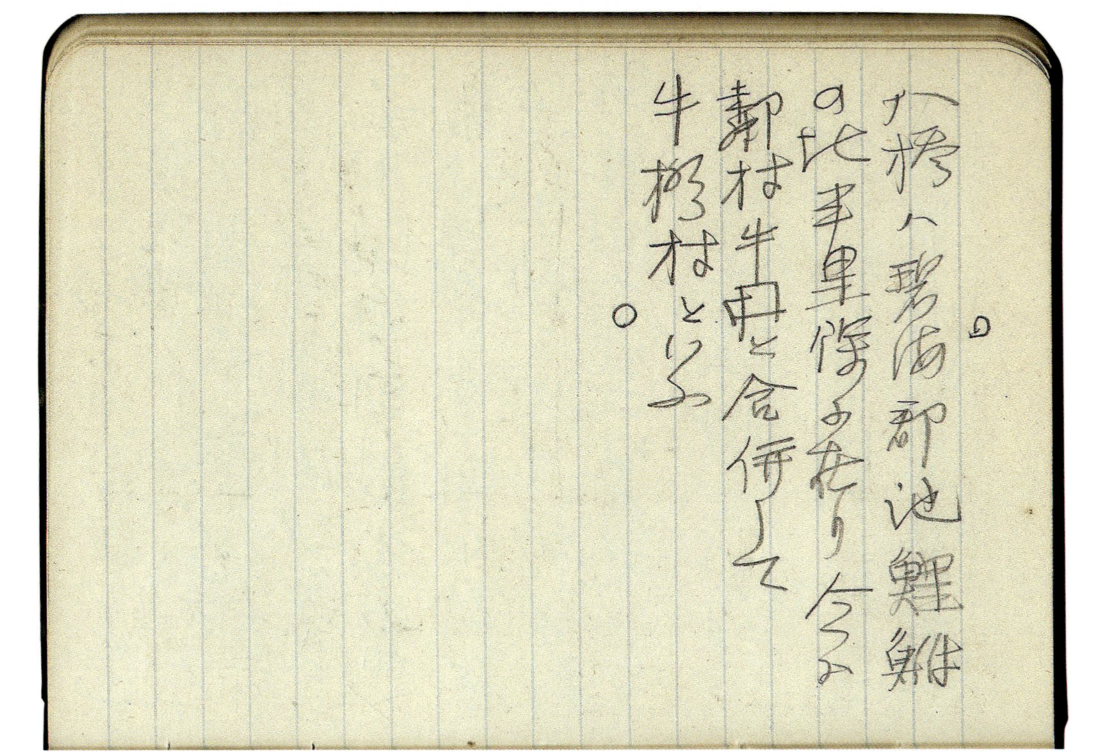
八橋ハ碧海郡池鯉鮒は
の北半里許に在り今は
郡村牛田と合併して
牛橋村といふ。

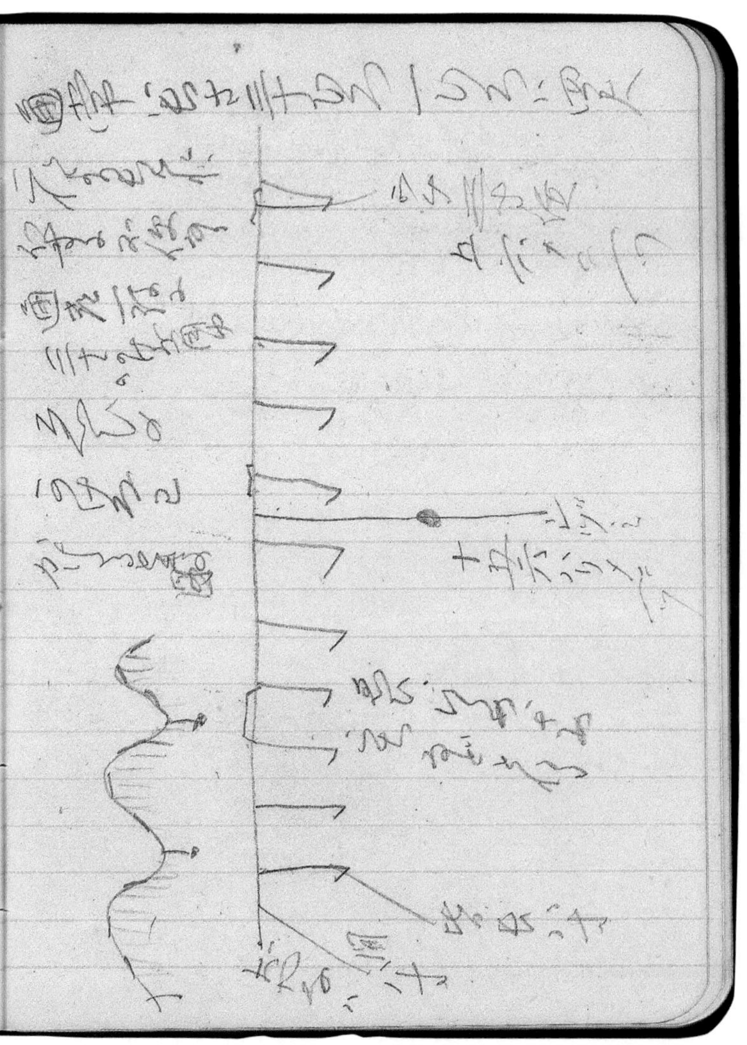

○

やーハ伊豆船あちらのハ不識読

とてさまてよき程数のりのこ

あらす尾の羽ハ同しく十二枚

あれともやすれありてよからす

十三枚の尾ばは八十二枚ならん

他の2枚ハ中ほどにかされ居る

ものなり、卵ハ卵とハ山の上のば

らからもるどの苦のもしろくいふ

こなすれて羽のさきしろみやる

なりてあり。

火縄筒

火ぶたきるといふこと
はめそちりぬ

火ばさみ
火ぶた

。

狐の子と庄屋の子とハ
かまのおな（里謡）

。

はす、　ひらやかと
かんばん　とうがらし

。

真宗十派
本願寺派　西
大谷派（東本願寺派）
高田派
木辺派
佛光寺派
其他の五派ハ諸派ト称ス
すべて十
一向宗ト俗称
管長ハ伯爵、
男爵ハ、
近来両家の公卿列

(何回唐名承徒)
粗気られた宝筬、

亭、
元禄六癸酉仲秋吉 枚江
岸紀常筑トアリ

古い志摩の図

に碑 伏見の北 烏丸 御流下
伊勢村ニ何あり
本堂い中山の南ニ跡あり

東大寺
御厨の原
吉祥山瓦佛像

和地ノ多億山
医梅寺の西側ら般若経

昔ハ何か地島まて後初めて
この地の底義記にとつぐやうよ
こゝは昔ハ其間に大船川
松藤宮をいかりありたる
それハかちまそわ行り

明神　遷宮ハ第二十年目のみ
毎五月祭礼　境内よ

すハり石
三筆川岸昔にありしか今ハ土かぶ
しおなげりてかくれぬ

池の神

こゝに荒川 本荒川 白ら川

わかりあり 字の南裾

経塚

炭焼戸

子間山 大集越、小集越

小山崎

寺ノ三つ、瑠璃山円通院白雲山

渓泉庵、即ち山満福寺

寺沢 中沢 大沢 ちゝ沢

大陰 オ、ワタ

○字地名を今とりあぐれば八垂地

の滝から南に立ち並ぶ所と

大石川、雄石 雌石
小山崎、 玉女の磯
恋ヶ浦、
三ツ石、平磯、
骨山、牛首 去上 室ノ下
岩宮（今ハみやあり）鹿尾 今ハトアナタ、
穴花
ウヲハ 商業ヶ嶋の一
貝佐ノ島、月網島、賀島嶋
赤亀、竜宮嶋
の岩まい小さき岩ありて海中のハ
みなかくれる

○之ハ市中の名所のとをや
犬のこゝろをすといふ所のおと
そきてかゝるよし竟之の門
みあるなんまるか

○名物、
千鳥、鴫、あまり舟、杜鵑
金蝉、玉し、名社松[illegible]
はゆ松は岩蓮篇の句碑あり
岩のとなりの岩の上にある古松
ありしといふ其千まき人山の上の
木きりたをすとて松木をきて
、株すめ今ハかはりに守させ
二郎り
仁ござる。作名物なりけりぬ

託宣より大神宮をうつす
卯弥勒勧請　ちか気元年
元禄二年より五百八十年
伊勢弥勒を遥拝所
寺洞か天保二年より弥勒の記なる
よりて例す
円通院~~閑巷~~建暦二年
洪水ノ時ニ突より出て一仏巻
のうち三円通庵建暦二年　十卯　り手
之深六丈迄（四五十年とも）

△元亀三年壬申家康公信玄ト
三方原合戦ノ時新居今切之舟手
御防トシテ兵船ヲ多ク浮ヘル是ハ純
伊能松浦ニ住居ノ一味ノ逆徒今存ノ
戦ニ定テ此所ニ打依ルトノ為也
浜松方海賊の頭ハ渡辺弥市郎同
九郎次郎也而ニ伊良湖崎ノ物祭ハ
郎左衛門兼テ御恩ヲ蒙リ伊良湖崎ヨリ
鯨舟五艘ニ逆櫓ヲ立皆楯ヲ鉄炮ヲ選
長刀ヲ揃打中若手之者二十余人ヲスリ
今切ニ相詰ル片濱（手島東海岸）ニ網
縄又ハ竹篝ヲ多ク付ニ入今切之波打際
ニ並ヘ竹ダバニコツ謀ル此者共常ニ漁
撈ヲ業トシ舟ヲ住屋トシテハ帆ノ
時ニモ鴎ノ海上ヲ走ル程也陸地ニ走ルヨリ
進退自由ヲ得タル血気ノ者共也セシハ
伊勢方浦ノ海賊ハ野田与市郎数十艘

厚ニ至妙ノ今切ニ挿着ス乃其時六郎九
郎門互ニ左右ニ打立東西ニ馳散シ
ケル少ノ中ニ叶ヒヤ思ケン神鳴ヲ月居
逃去ル時ニ拘谷本多平八ノ前ニ畏リ
海賊之狩定ヲ仕候胡ニ候掃ノ事
ト右條早ク此段ヲ至リ在所ノ志ヲ有
来手ヲモリタル仕程ト申モノ也其段モ
可然トテ九カ妙ノ伊勢ノ祈ニ馳仮ル思ニ
サモアレ道早火ノ手見エシハ今ハ力モナシトテ
急跡ノ宿ニ舟集揃明神ノ後ヨリ攀上
了鉄炮ヲ以一防ハ防ケレモ多勢ニ無勢ナレハ叶
一時ノ烟トナリテケル海賊ノ今ハ本望ヲ得テ
十六人艘ニ取集已ニ浦ニ入ラントセシ所ニ此時
本院佛閣一字ノ不残焼失セシカモ本
尊行基菩薩ノ霊作観音大士ハ火ノ災
三ニ遭レ玉ヒ十五具生所モ面皆不レ
直ニ焼ニヨラ近年再興信男女争善ノ勢
形ヲ復シテ川御社計無恙コリ旅

コレヨリ後前家康公岡崎ヨリ海上雄近
ヘハ子ニヨ将ニ為度ん此島ハ没御石塔
山秋名山杯ニテ厩射サセ或鯨舟杯ヲ
カケリ御寛有ケルニ粕谷力畠力ん丸ニ絆
コレヨリケルハ今度今即ニ相法ルハ下ノ
御ハ乗ケ其後御前ハ彼ハ丸モ何ニテモ
可望ト上意アリ粕谷之本ノ欲ニ者ニテ
宿ヲ望モ無シ只但シ網舟御免許ヲ府ト
申上ニハ即大正元年ニ折我ノ御朱印
ヲ下サル
　此粕谷ニ残徽七本據ノ人ナル
粕谷ト同族ナルモミイフ吾國ハ
コノ元亀ノ大旋ノ為ニヤケテ其後而
ノモノ守モ
己慶長五年関原陣之時九鬼大隅
守一揆ヲ共ニテ沙多郡日比ニ合於
大志摩国鳥羽ノ城ニ揃篭リ南海
之通路ヲ塞ケル。九鬼長門守ヲ攻テ

可責之旨家康公被仰付チカ八郎伊
良胡嶋ノ東七八町ニ當テ和具ノ城ヲ
後ニ當テ五十年ノ在家ニ數日宿陣シ
粕谷ヲ呼出シ敵地ノ絵図ヲ取ラ委
細ニ承、大湊志洲ニテ備ノ立様ニ手
分手配兵船ノカケ引ヲ習ニ仕ル、時節
ヲ以テ阿野利ヱ押渡リ鴨河ヲ隔テ
相戦。其剋ニ自関東上意之飛檄
到来ス、シカルニ鳥羽五十挺之海上
番船厳シテ阿野利ニ通路難成也
此時六郎左衛門荒手ノ舟子ヲスクリ
御状ヲ相ノ首ニ掛ケ夜中ニ阿野利ニ
漕渡ル番舟方ケレモ不審、ソレヨリ
舟ヲ西表ニ荷越シ又夜中ニ數十里
之沖ヲ漕渡リ太山下ニ舟ヲソノ君ニ見ル
其後大隅戦負ケテ嶋志和具村ニ
小寺ノアリケルカ心静ニ自害ヲソシケル
ト也

△三河将ノ此郡ノ白碑不一定
今尼ク旗用慶長迄ニ慶長十五
庚戌閏二月十四日大樹秀忠公
猟為ニ田原獲猪鹿数千[illegible]三ル
兵卒ノ足ヨリ見ハシ主ハ二ヲ田原山ヨリ
中山田坪崎近ニ御狩ナリ
。中山ハ高村ノ西南ノ村ナリ田坪
ハ立馬トモカリニヤ　タツボ
御近習御籠本不残御供ヨリ御出ニ
御此渥美郡ニ近隣ハ日本国之ハ乃
大あ附近トノ雲水次第ニ天下高カ如シ
海辺ノ村ニハ高松赤羽根和地堀切
ヨリ何良ヨリ迄海岸湖深シ此ハ
根崎、馬草宇津江、江比間、泉ノ濱
鋳勝田坪迄由浦五丁迄ニ及也
大丸白田原至田坪六里余ノ間山谷
原野実ニ将猟之地形ニ相称ナリ
其地ノ有様ヲ賞ハ一瓢ヲ携ヘ来ルカ

妙田原城下ハ其咽喉ナルカ如シサレハ
田原ヨリ御マトモ出テシハ物ナキノモノ
呉鍾ヲナラシ大鼓鯨波、山ヲ砕キ
谷ニ應ヘ天地モ崩ル計也。先乾巣山ニ
入御有テ古猪麻太山之高塔ニ御登
アリソコリ峯傳ヒニ吉祥山泉福寺ニ
御坐マシマス此寺ハ行基大士ノ開礎
本尊観音即行基之作也准義ノ
大夫行基ヲ松請シテ此寺ヲ建立
オシケントリ一郡之灵場人家ヲ隔テ、
一十四町岩石茯樹群ル層ルトシテ
雄右秀峰也コレヨリ先モ天下平均之
御祈ヲ致シケル依之百石之領地ニ賜ル
駿山ニ塔ノ尾附也侍軍台坐マシマス
処ニテ本堂ノ東ニ一面之盤石アリ
錨羅ヲナシテ崇之ソレヨリ御厨麻
ヲ直違(スジカヒ)ニ知名山ニ御移リ初テ
(バウタキ)ノ西北ナル白石ノ峠ニ台坐マシマス

民今ニ至テ畳石ト号ス葛莵児童迄
此石上ニ上ル事ヲ憚ル和名ト石塔トノ
間遠石長ク成泥沼無限深シ底ニシテ
鹿獲多クアリ中山ノ采主清水権蔵
畑村ノ采主間宮権右衛門馬上ノ達者
ト云所ノ東南ト云平地ヲ馳スルカ如ク
安守ト業越シアハ若士ノ人馬其真似
ヲシテ深田ニ足ヲ取ラレ又難成ル
両人ノ武者振一入優レテ見ヘシト也
リシヨリ南北中道ノ勢子共一手成ヲ
軍テ貝鐘ヲ鳴シ田坪エリ待寄ケル
将軍ハ直ニ田坪ニ出御有テ御馬ヲ立
ラル此時ニモ粕谷備舟共ヲ多ク集
浮テ田坪エ廻リ鹿共ノ海ニ入ケルヲ生
捕ニメ多ク御前ニ献ル御気色以ラ
ルハシ御此西山ト云ハ清水氏之采地東
西十町式ハ八町廿町ニ及ス南北ハ二里
傍ニメノ松樹数万株白砂平穏ニメ盤上ヲ

走ルカ如シ、此間諸勢一息ニ揮寄セント欲
上下渇ニ及ブ胸喘ケル时ニ将軍此所
青ル水有ト御子ヲ以地ヲ差玉ヒケレハ
諸卒御ヲ承テ手ルニ沙ヲ抓ケル
其深サ一尺計ニシテ清水忽湧出ケル
将軍ヲ仰奉リ諸卒コレニ渇ヲ湿メ
蘇生ノ思ヲナス今ノ九ニ力井トテ采主
尊之ノ灌羅ヲ加ヘテ牛馬ノ汚レヲ
防ケル大明表ノ聖迹地ノ理ニ達セシケル
御支雖有以弟ナリ傳聞本ノ将軍軍兵
之渇ニ及ケル时鉾ヲ以岩ヲ刺テ水忽
湧出ケルモカクヤト感心奉ルソレヨリ
御舟ニ召サレ鞆ヨリ中山ニ入御此処
中一本松福士之遠嶺ヲ御眺望アリ
其夜ハ美妙ナル水力館ニ御饗膳ヲ献ル其運
今之御殿屋布是也其翌日田原込処
御有之也此時田原ノ城主戸田土佐守
御進退ニ縲陳ヲ献セントナリ　梅香生
夜去往也御休康門十五日　中山御休康

△鳥羽院下 配流于伊良胡島 竟無明
證〃乃麻續王之事乎 按万葉集第一
麻續王流於伊勢國伊良虞嶋之時
人哀傷作歌
打麻乎麻續王白水郎有乃射等籠
荷四間乃珠藻苅麻須
麻續王聞之感傷和歌
空蝉之命乎惜美浪尓所湿伊良
虞能嶋之玉藻苅食
按日本紀曰天皇天武四年乙亥夏四
月戊戌朔乙卯三品麻續有罪流于因
幡一子流伊豆嶋一子流血鹿嶋也
若云配于伊勢國伊良虞嶋者若疑
後人縁歌辭而誤記乎

△相応撰於御免許之曳梅役系圖
天正元午冬十月於伏見城頂戴
折紙之御朱印

△大川神社領貳拾五石奉斗並同通
院寺領参石一斗是也右御朱印
取。此序相願頂戴小久保仍麻不能
出御前重而可相願云々仍小久保金阿
弥了墨付可与前寺社領也往此前
辰年中已結両寺社領於水帳書従
来仲吉右ヱ門林傳右ヱ門也云々梅
小久保金阿弥了當郡之座相谷就頼
曾只茶屋仕御所蒙眠近之恩顧者也

元禄六癸酉八月筆。　若述

正徳五乙未九月写　居化

伊

〇

伊良胡崎集、　小久保氏蔵
堀切村靈松山常光寺前住
谷山鉛鉛トイフ人ノ編ナル
伊良湖ニ縁アル古歌及近人ノ付ヲ
多ク記シタリ。

伊良胡行程記　芭蕉、
鳴海吞鷹園花　其中の句ヲ
抄せる写本也とぞ、伊良胡崎集

よたり泊る夜　はせを
さむけれど二人旅ねぞたのもしき
越人
こがらしニ菅かさ吹こもりけり
あまつばねて　蕉
さむき田や馬上にすくむ影法師
伊良古ちかくゆく越人伴ふ

馬右衛
ゆきや砂馬より落よ酒の粋　同

たかうみうけて行ぬれ時　越人

ゝ海や砂吹あける花の浪

○

孝はへうよきか作りやはけ村
多年分かり一つは起さる程
昼のせのみもむ太の付のあり
この数寄各華園の作るを
いへ畑村の遺風我あれ
のりて行くそ珍するのありき
保美の上五句写作ると
侍るこはかつのるは一ちる
みや翁再び万翁を訪ねて
この地にありし侍人にゆきある
ますやゆめすもうてるかん

Cassel's National Library

Sintram & his Companion
La Motte Fouquet

Undine, and The Two Captains

Victories of Love " " "
Conventry Patmore

Carrière:
Die Kunst im
Zusammenhang der
Kulturentwickelung

Gothein:
Aufgabe der
Kulturgeschichte

Gruppe: System u
Geschichte der
Kultur.

Honegger: "

Klemm:

Lübke:

（元手帖に本頁は空白）

（元手帖に本頁は空白）

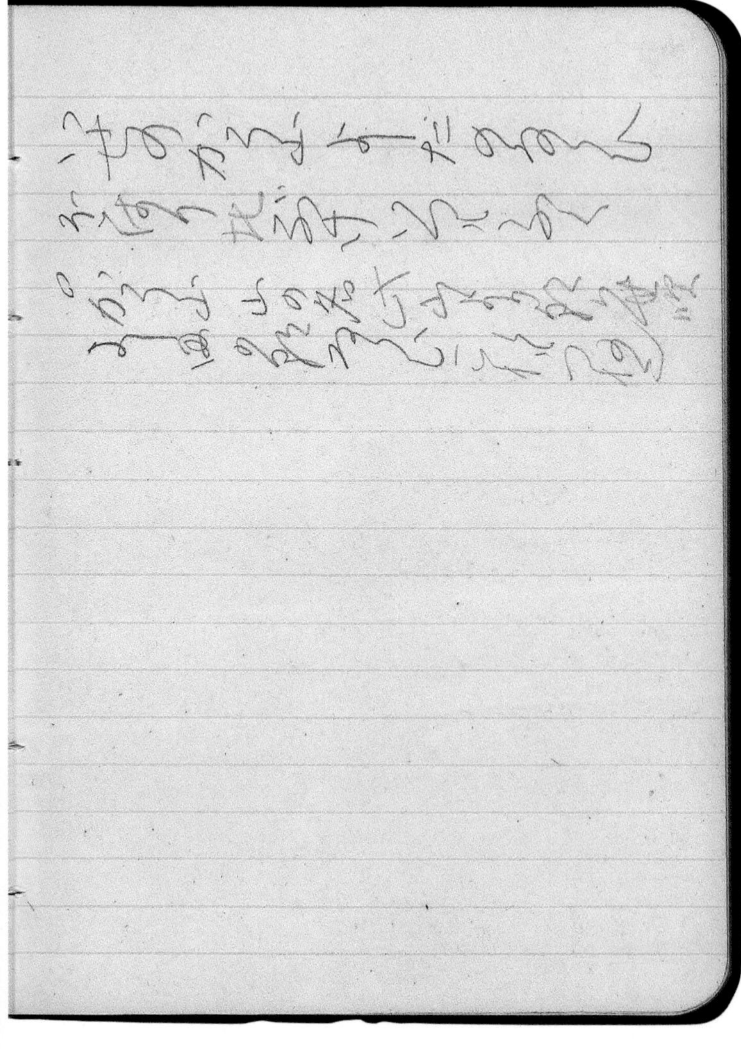

下野小俣村百〇六
山野友一郎

湯島天神の与比の道
高木国と云ふ家の向
布田君、

天保三年壬辰六月
父生
〃十一年庚子六月
母生
明治二十九年丙申中旬逝
〃　母　逝
父　九月　没

明治十年如月八日　予生

小石川西原町二十二

崖

（金剛寺坂を下り右へ
一丁ほど左への門）

職を志
異様の本性、
若き秘訓

茲迄二本根要ニ、加沢木
小久保弥太郎、

揖画迄済上、之慎

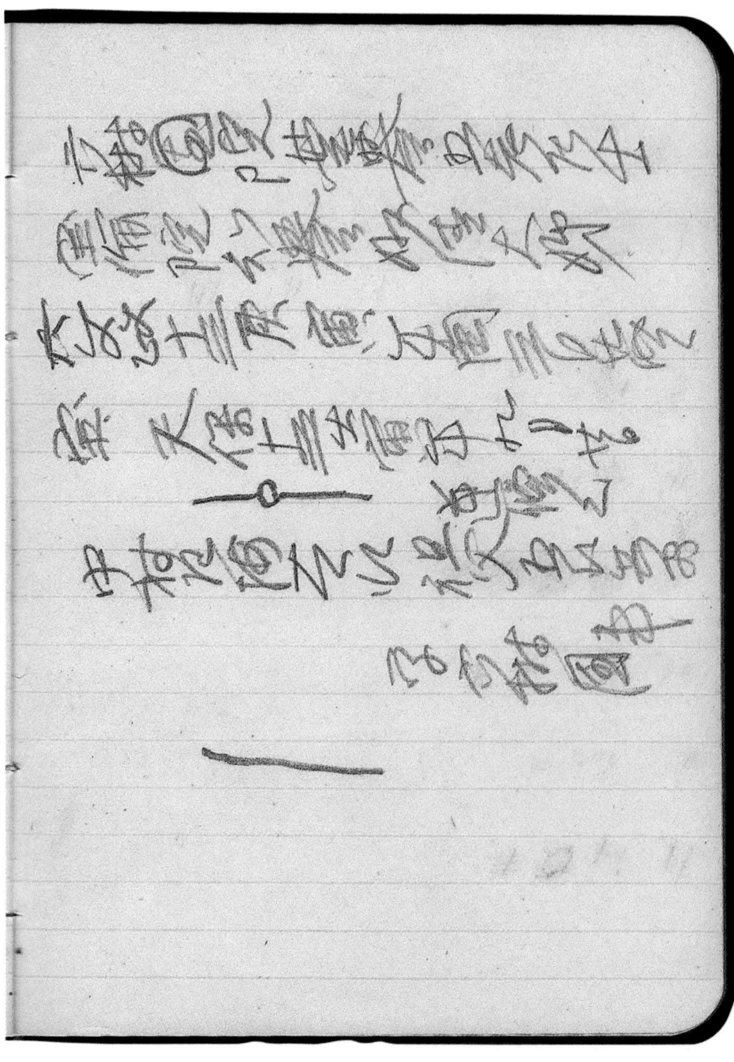

計画、

一、桐花曲、
プルード、 一、 二、 三、

二、大川水、

三、冬ごもり、

四、鶴原

五、嫉、十节、

六、落花、

七、浮舟、

Ingram's
History of Political Economy
VII. - 12 - 7

Cunningam's
Use and Abuse of Money
VII. - 6 - 25

西片町十一ノ十、伊東方
小田經濟

大藏省主税局
租税法規參照書　十二錢

永井法學士
商工地理學　附文類　三十五錢

本多博士
造林學　上　下

奥田林學士
森林學　上　下

法學士
商業經濟學　上　下

高橋琢也
森林法論　八十[illegible]
明法堂

民法、商法ヲ通読スヘシ
参考書ヲ作ル

手形法ヲ研究セ。徳川卿
大債券ノ権

○Ricardoヲ中心トシ地代論ヲ調
査スヘシ.

○Premises of Pol. Economy.
by Patten. Philadelphia
1886.
Careyノ地代論ヲdevelop
セル

沢村真の士
農業経済学よ　三千代
馬喰町二、　興文社

後

琴操

琵譜

邀曲破原

何ゝ吾ゝ何ゝいふゝ世の中は

たゝ往ゝはつのたゝ上手ゝゆ

佐々紀念ノ歌

うちはずのつめの先にいてまゐせ子

まそのゑへの露とのとたにいてまゐし　の

くいいあるにそいてまゐせ子たまる

ゆへの人ゝのとた

神楽修ま

さくらけい神くらやゝめ利相
のゝはるものもしきかはすゝう
ぎかはらより

鍬末

そのおしふるやまとのたら
さかみゝみすゝてゝ言語な
はん言語なけん

杓本

大はゝやせる井の底の水ひき
こまて鳥はなくとれならひて
なくめ拾ひてゆかん

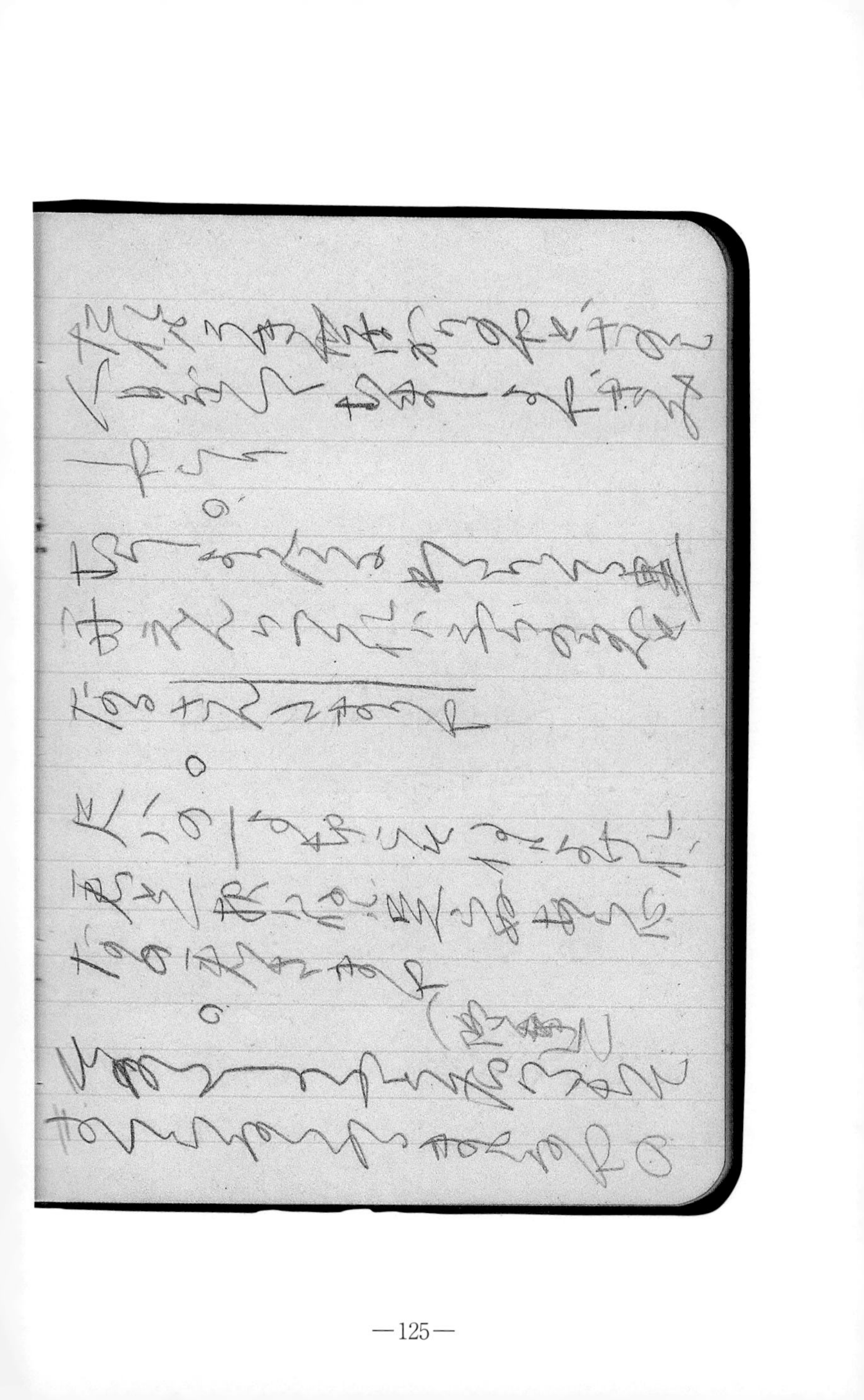

日夏のかはつのこゑと言まけれ
あしもとのおちしのはし

立川村善福寺
粕壁在牛島の藤

Geddes and Thomson:
Evolution of Sexes

Westmark:
History of Human Marriage

Small:
Introduction to the Study
of Society

Buckle:
Introduction to Civilization

Gidding:
Principle of Socci~~ety~~ology.

Word:
Dynamic Sociology.

J. Baskam:
Theory of Society.

Mcdonald:
Abnormal Man.

Smith:
Sociology and Statistics

Freeman:
Comparative Politics

"
~~Free~~ Village Community

Hearn:
Arian Household.

°

Ratzenhofer:
Das Wesen der Politik

°

Albert Shaw:
Continental municipal
Government.
"
Municipal Government
in Great Britain.

W. Bagehot:
Economic Studies

Woolsey:
Communism and Socialism

F. Behrends:
Socialism and Christianity

Historical Bases of Socialism
by Hyndman

H. L. Smith:
Economic Aspects of
State-Socialism

Ritchie:
Darwinism and Politics.

Cliff-Leslie:
Land Systems and
Industrial Economy.

Scenery, and Its Influence
on the Literature

Hermann: Staatswirthschaft-
liche Untersuchungen.

Schäffle:

Bau u. Leben des Sozialen Körpers

[illegible]

[illegible]

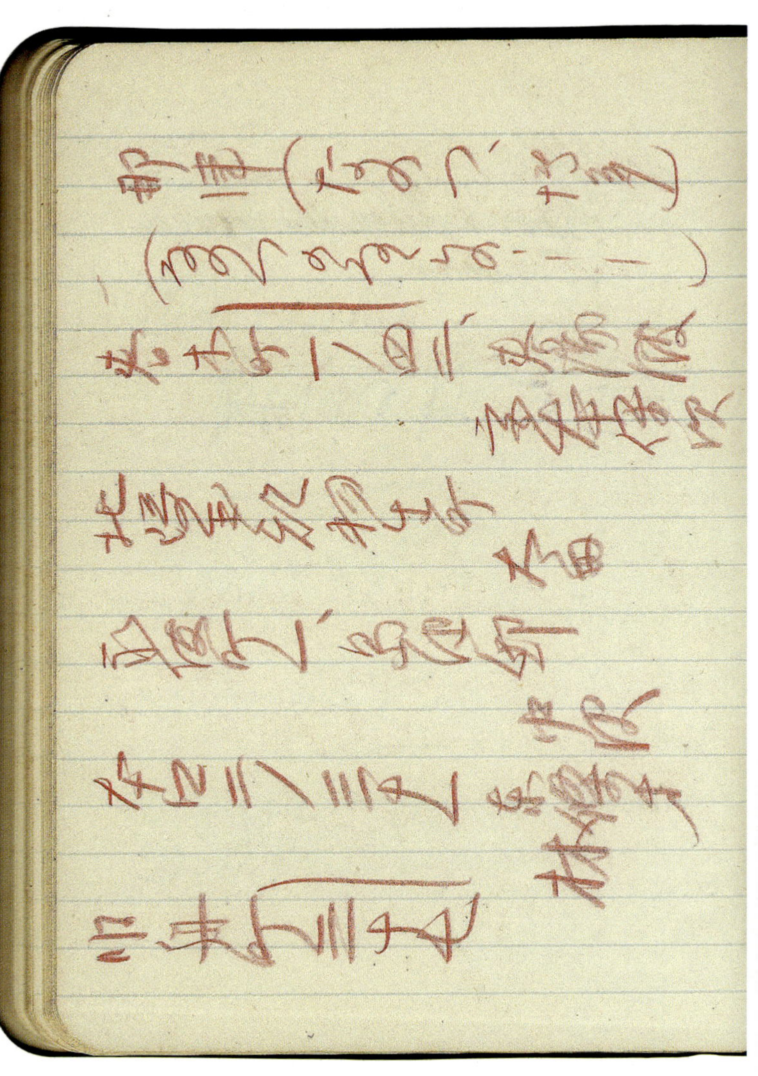

[illegible]

„early struggle for bread and knowledge"

„Kein Einst und Drüben, nur ein Jetzt und Hier"

Heyse

Heyse's Romanen

Children of world '73

In paradise '76

八ノ一ノ三三九

宗長東路のつと

宗祇終焉記　〃〃三三六

白河紀行（宗祇）

8　465　524

（元手帖に本頁は空白）

（元手帖に本頁は空白）

（元手帖に本頁は空白）

（元手帖に本頁は空白）

（元手帖に本頁は空白）

（元手帖に本頁は空白）

（元手帖に本頁は空白）

（元手帖に本頁は空白）

（元手帖に本頁は空白）

（元手帖に本頁は空白）

（元手帖に本頁は空白）

（元手帖に本頁は空白）

仝　八ノ四六三
〒　誠神ト　四九四
〒　白河如行　〃　五二四
〒　白壁學　〃　一四九六
〒　青森間巻　八ノ三〇三
佐林杉　八ノ四六三
八ノ四五〇
〒　誠雄包師學　二七〇
すくは但す　五ノ二五〇

遠巴之花　続　五二三

東路之消息　郵　一四三

回生要録　二六　五五五

扶桑隠逸傳

田尾氏訳
ボーリユラ財政論

不副隠山水奥地
邦弘永巷是君恩

「

山内容堂郎今より三年
以前即ち五十五才
上下以前に結婚する服
聖書をうけとりぬす
り之の原書を研究すれば
小笠原氏の据教人主
無するを他所より円
位、
の山内学すること外の

〃 三十年隔て

十七年目にて大庭君[illegible]

幸地紐傳例西樓泊

擣笛　周尔強

一夕原生奏女機
砧聲不待雁南飛
誰知万里黃雲戍
已有新霜下夜衣

明妃曲　伍廷楨

娥眉宛轉欲消魂
一曲琵琶双淚痕

- H. M. Hyndman:
  社会主義ノ歴史的根據く
- H. L. Smith:
  Economic Aspects of State-Socialism.

The Labour-Movements in America
R. T. Ely

[illegible]

[illegible]

Gibbin's History of Commerce in Europe,

- Bruno Hildebrandt: Die Nationalökonomie der Gegenwart und Zukunft.
- Economic Studies
  Walter Bagehot
- R. T. Ely.
  近世佛獨社会主義

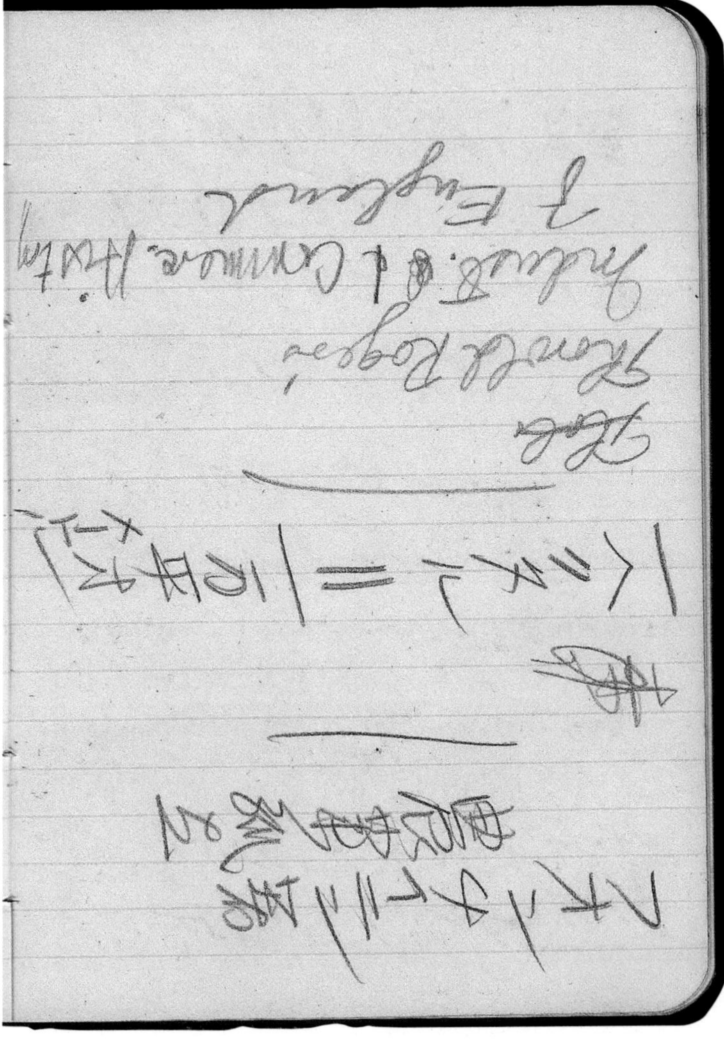
Thorold Rogers's
Indust. & Commerc. History
of England

G. Kohn: 铁路政策
3 Vols.

Archiv für Eisenbahnwesen.
普国工部省

E. Sachs: 交通政策

E. Engel: 运输时代

A. de Foville: 运[illegible]
[illegible]

A. Wagner: 政府ト交通

„A History of Taxation and Taxes in England from the Earliest Times to the Present Day" by Stephen Dowell, Assistant Solicitor of Inland Revenue. London 1884.

Brentano
On the History and Developement of Guilds and the Origin of Trade-Unions.

Statistique Internationale
des Villes
edited by Joseph Korosi,
director of the Bureau
of Statistique of
Buda-Pesth.
Paris, Guillaumin & Co.
1876-77.

◦ Traité des Impots.
F. de Parieu.

~~Loc~~

◦ The National Budget, National
Debt, Taxes and Rates
A. J. Wilson
(English Citizen Series)
London 1872.

Walkler: 附册 [illegible]

Roscher 第四卷 '86.
Stuttgart.

Rau

Slein: Text Book of Finance

P. Leroy-Beaulieu
Traité de la Science
des Finances.

Schönberg's Oekonomische
Encyklopädie.
1886 第二版
Tübingen.

只中
° / Helferich
General principles
of Taxation.

° v. Scheel
Revenues from gainful
Pursuits.

· Wagner
Direct Taxes.

° Baron v. Reitzenstein
Local Taxation.

ボーリン　組税偏
組税鳥擇、

ばつくすたあ、〃

まくろつく、〃

一月十三日
關口君
樺太
山仙
同上局
田山
戸北氏
亜細亜新道
上か

Principles of Taxation

(Popular Science Monthly)

bis June '98.

Paulsen:
Pedagogik

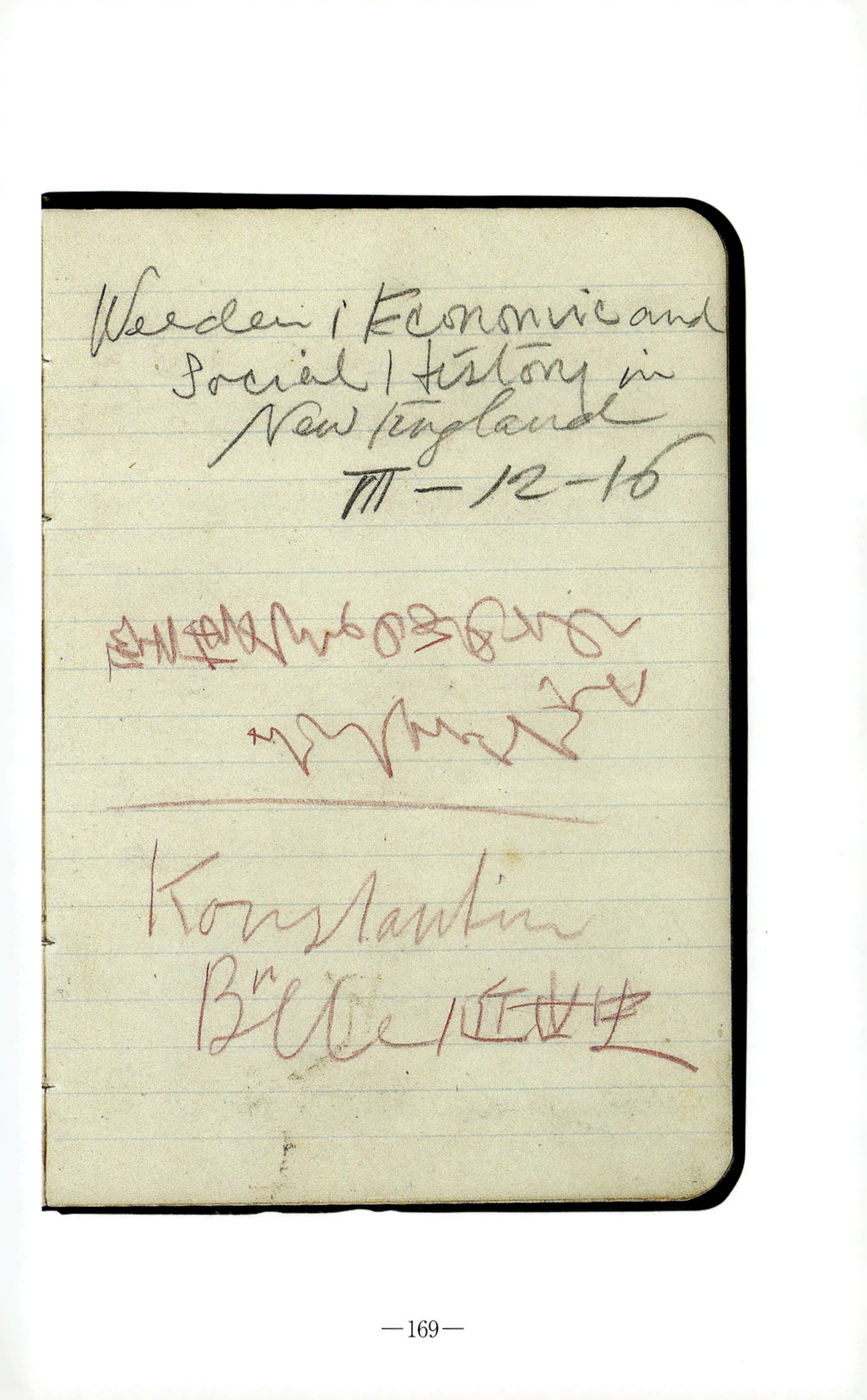

Weeden | Economic and
Social History in
New England
III–12–16

Konstantin

Economy.

Labor.

Cyclopaedia 3
Ⅷ. 2. 5

Price: 英国物価史
Ⅷ-12-8

Rand Economic
History
Ⅷ-12-~~8~~
9

Rogers: His. of Agr.
and Price in Engl.
Ⅷ-12-10

Toynbee: Indus. Revol. in
Ⅷ-12-15 Engl.

五緑ニかへ乎ルニスキ　文武

あそめざみのかる

かつらぎさと

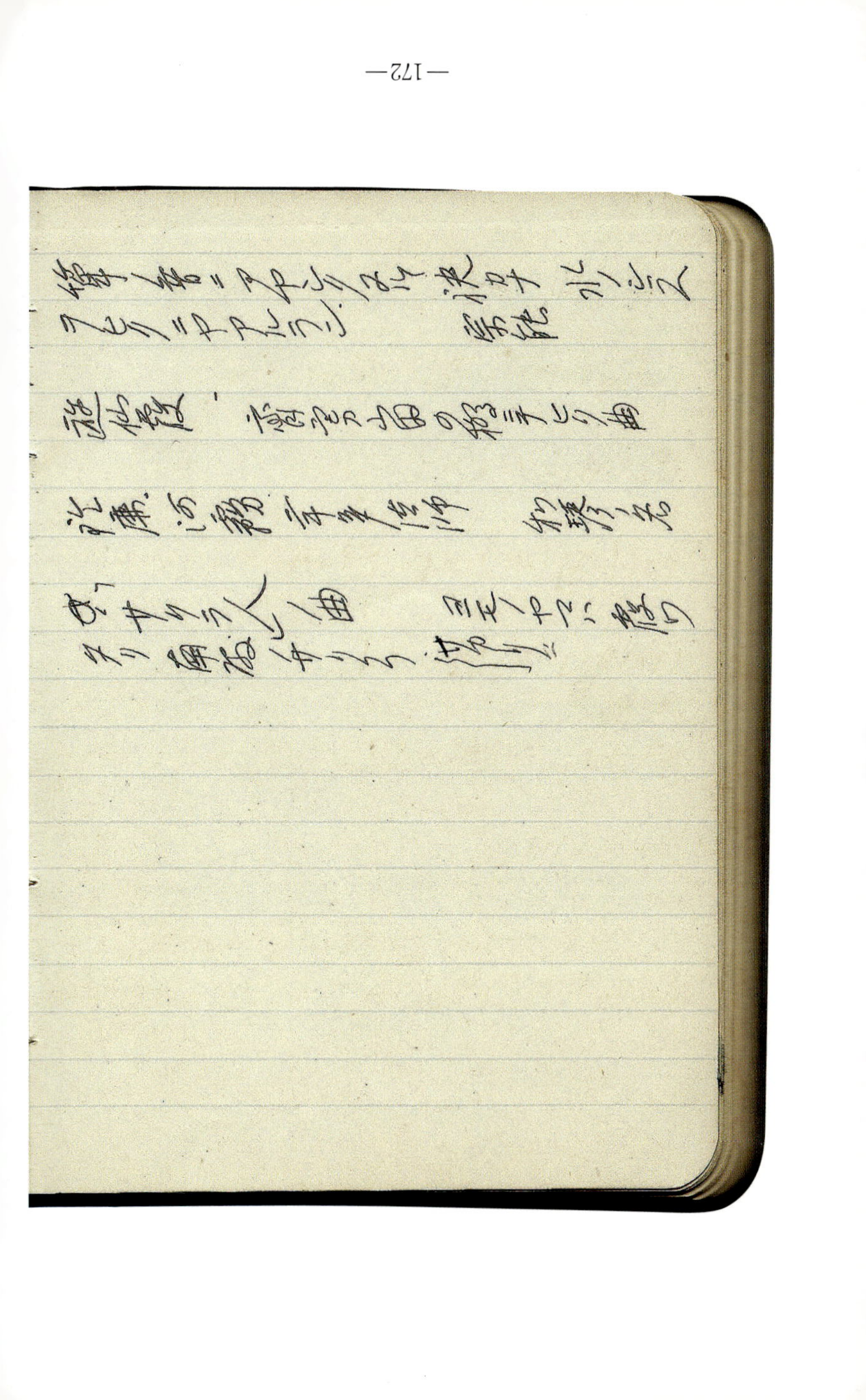

[illegible]ニ付テハ[illegible]

[illegible]ニ付テハ[illegible]

[illegible]曲

[illegible]

[illegible]曲 [illegible]

[illegible]

松ノ絵

「岩コス山」ハ桂ノサキイ

浪ノ手．ウ岩

「遠山」トハ上ノ龍角、

「コトナ」ハ桂ノ上

「アイニミラ青嵐」ハ裏ノ花

金ノ玉乃

チヒ（オクコトヲ形見ニシノハ十二身ハ

青海ノ波ニ流レン　師匠

ミウライ
中ノ絃　　　　　　一絃亦同ジ

枕ノコト　延喜帝ノ陵ニ葬リタル

塩竈ノ琴ノ

箏ニ調子弾ヤウ先柱ヲナナメニシテ指ヒ
アル操伝ニヒキテ後柱ヲ二ノ絃ニウヘケテイタリ
ヨリ弾バシメタルソト思フヤウニ絃ヲヒキ隠
スゴレ曇ニ聞人アラハ調子ヲ推スルコト知
ルナリ、

柱ヲ調絃ヨリヨキホドヨキホドニアゲキテ
ニ絃ヲヨク思ヒウケテ陳ニキカセヌ思ヤカニ
中ノ絃マデ高サキヲサスナクテ後ニ
三五三三五トバカリ高クナリニテサセニ而ノ人
し

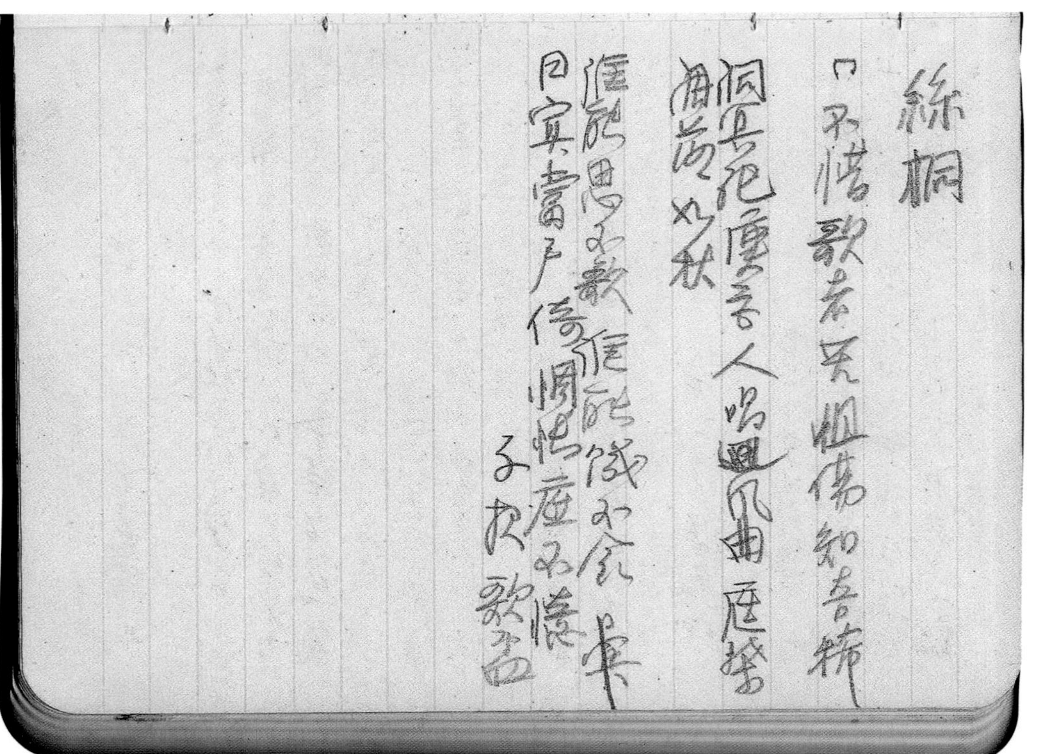

絲桐

□不惜歌者苦但傷知音稀

洞庭花底吾人唱過風曲庭樓

角荷如秋

誰能思不歎　誰能識不念其

日宴當戸　倚惆悵座不憶

子夜歌古

恒山夕望東边有青雲髣髴俄而
見双白雉集於其壇上倏忽化為二神女
舞於堂上握鳳管之簫拊落霞之
琴歌青吳春波之曲　洞冥記

双鳳離鸞之曲

宜城淵綜者　齊子心易驚　離泣已將墜
無労別鶴声　劉涚

洞門涼気滿　閒值夕陽生　絃隨流水
急　調雜秋風清〻　蕭慤

碧山本岑寂　素琴何清遠　得出俗人松
崖谷颯已秋　嗚呼彈子期　今落歸山丘
死兮若有知　魂兮從我遊　劉希夷　復彈琴

月下白雲來　李嶠

前定録曰
貞元初有大学生杜思温善鼓琴
多游公侯門頗每登臨宴会往々
得與、嘗往寳客宴集稀家嘴
中秋後山月如昼而好遊客皆醉思
温独携琴臨水閑泛忽有一便叟
顧来聴思温謂是坐客猶不回顧
又曲罷嘆賞乃知非向者同遊之人遂
置琴而起老人曰向少年亦師余是
余住河南太守梁歩也遺旅身没於此
平生好鼓琴向来聞君撫琴絃軫清
越故来聴耳知音難遇毋憐吏為戚
弾之思温奏為沈湘、老人曰此弄初成
吾嘗目為指異、此思温因求其異
隨而正之者顧隨古又多怨切時人莫之
聞吏因問思温曰君非大学諸生乎曰然
既曰君何不求年看楽而常為玉門之信人
乎思温謙然長嘆後失所在。

雉朝飛操 ノ7 處士牧犢子

思歸引 衛賢女

昔李流子向風而鼓琴聽之者淚下

吳人有燒桐以爨者 蔡邕聞其爆聲曰
此良桐也 因請之削以為琴而燒不
盡因 名焦尾琴 有玉珠聲焉 樓神絕

但余下澤暮無月照孤琴空絃益
齊僕淮樓與故人

太平引 絕於今日耶 嵇康

應侯與賈子坐聞鼓琴聲應侯曰今日
琴一何悲也賈子曰夫張急調下故
使之悲耳急張者良材也調下者官
卑也取夫良材而卑之官安能無悲乎
應侯曰善

水仙操　伯牙學琴於成連先生
三年不成至於精神寂寞情之
專一尚未能也成連曰吾師方
子春今在東海中能移人情乃
與伯牙俱往至蓬萊山留宿伯
牙曰子居習之吾將迎師刺船
而去旬時不返伯牙近望無人但
聞海水洞泊崩折之聲山林窅
寞群鳥悲號愴然而歎曰先生將
移我情乃援琴而歌曲終成連
回刺船迎之而還伯牙遂爲天下
妙矣　樂府解題

器冷弦調心閑手敏觸機如志唯
意所擬 初彈淥水中奏清徵……

器和故響逸 張急故聲清 間遼故音
庳 絃長故徽鳴, 性潔清以端理
含至德之和平 誠可以感盪心志而
發洩幽情矣.

◦柳宗元 霹靂琴贊引.
琴莫良於桐 桐之良莫良於生石上
石上之枯 又加良焉 火之餘又加良焉

◦燒琴煮鶴 (志林)

◦彈琴效賈島体 歐陽修.
古人不可見 古人琴可彈, 彈爲古曲聲
如聞古人言……

[illegible]
[illegible]

- 相如
- 焦尾琴
- 琴有殺心 蔡邕
- 女孔絕絃 蔡琰
- 畜無絃琴 陶潛
- 耻為伶人 戴逵（安道）
- 鼓琴無忤 阮瞻·潘岳
- 琴調不傳 嵇康 廣陵散
- 功臣不操琴 ·齊王冏，嵇紹
- 不好聽琴 明皇，汝陽王（花奴）
- 齊好不好琴

- 琴賦 嵇叔夜

若乃高軒飛觀高厦閑房冬夜肅清
朗月垂光 新衣翠粲 纓徽流芳於是

死伯牙擗琴絶絃身不復鼓
琴以為世無足鼓琴者也
呂氏春秋

鍾儀　吾侯

雍門周以琴見孟嘗君、、曰臣
先生鼓琴亦能令文悲乎周曰臣
何獨能令人悲乎所能令悲者
先貴而後賤、先富而後貧不若身
才高妙遭逢暴亂不若廢世隱
地不及四鄰詘折擯厭無所告愬、
臣一為之徽援琴則涕零矣
今若足下、、居有義鼓琴者固
未能使足下悲也然臣所為足下悲者
一也千秋万世之後宗廟必不血食、高臺
既已壊曲池既已漸墳墓既已下嬰兒
豎子樵採者躑躅其足而歌其上曰夫
以孟嘗君尊貴乃若是乎於是孟嘗
泫焉承睫、周引琴而鼓之徐動宮徵

十九絃　三孔圓

上絃驚別鶴、下絃離孤雁

閒吹撫鳴琴

琴傳日本也

曲終人不見　江上數峰青、錢起

黯而黑　頎然長　曠如望羊　奄有
四方非文王其誰為此　（文王操）
弁樂

伯牙鼓琴鍾子期善聽之方鼓琴
志在太山、鍾〻曰善哉乎鼓琴
巍〻乎如太山、志在流水、鍾〻曰
善哉乎鼓琴、湯〻乎若流水、鍾〻

凡琴曲和楽而作名之曰曲、憂
愁而作命之曰操 (以行也)

平和之人聴筝笛琵琶則形躁而
志越、聞琴瑟之音則体静而
心閑　嵆康論

黄帝琴名清角、
齊威公、號鐘
楚荘王、繞梁
司馬相如　緑綺　梁元帝
蔡邕、　焦尾　蔡邕
飛燕　鳳凰

五曲　十二操　九引　琴操、

雅琴長八尺一寸二十三絃常用者

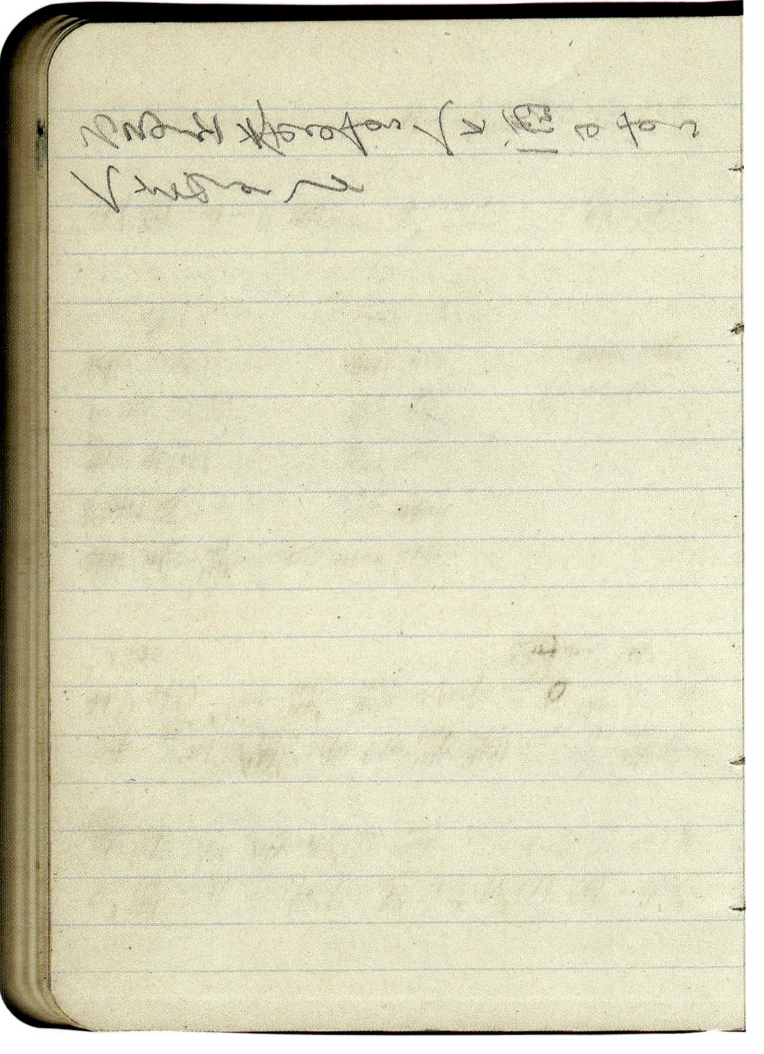

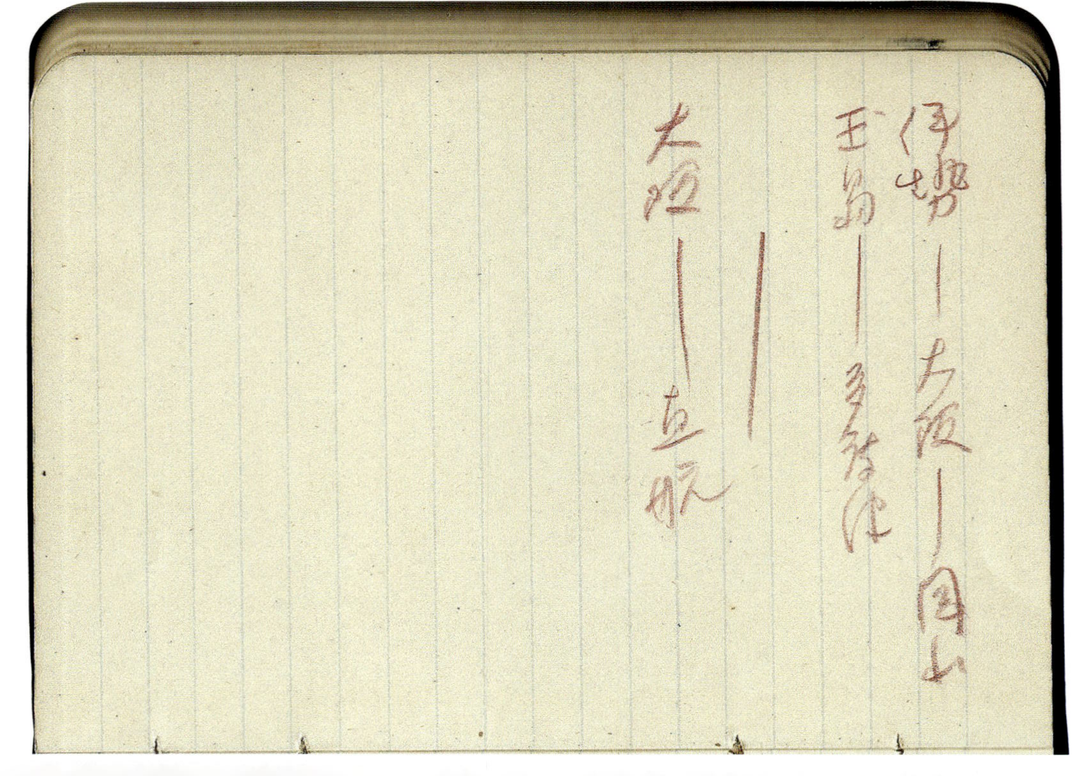
伊勢―大阪―岡山
玉島―多度津
大阪―直航

Kulturgeschichte
Moderne Geschichte.
Französische Sprache
Oekonomik. Mill
Oeffentliches Rechte.
Don Quixote
Goethe's Leben

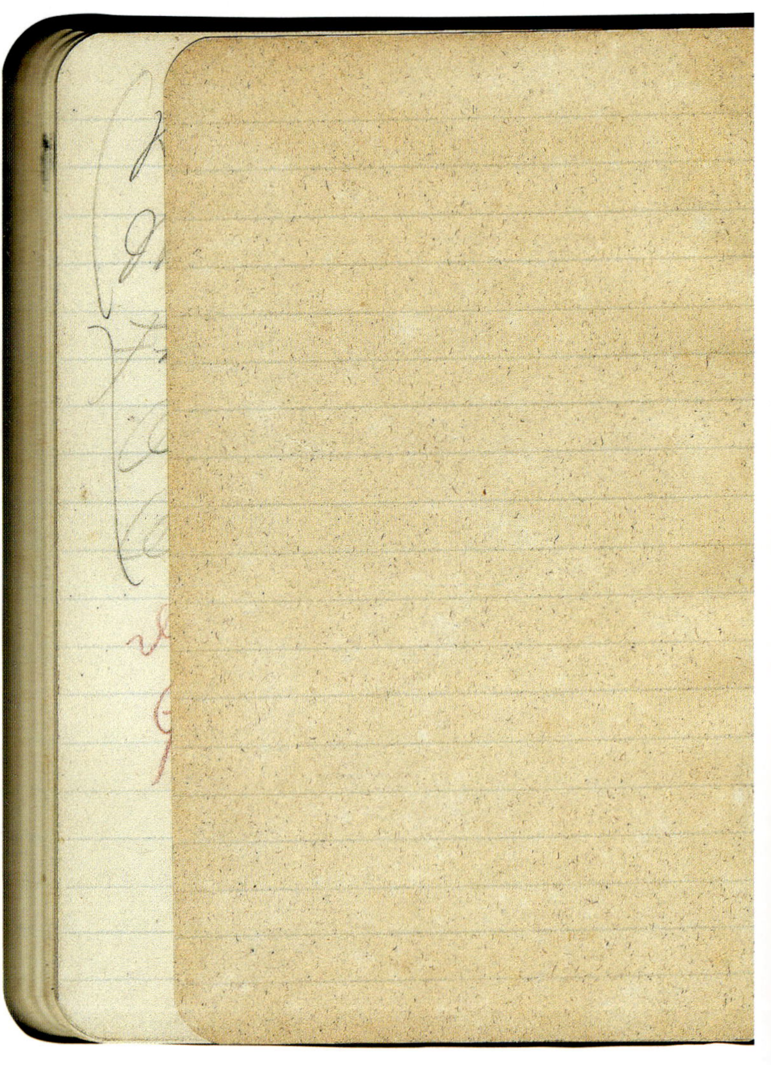

『明治三十年伊勢海ノ資料』の意義

福田アジオ

一

柳田国男は自分の著作において、執筆にあたり参照したり根拠とした文献を明記することはほとんどなかった（福田 アジオ「柳田国男の民俗学—研究課題を提供する柳田国男」『文学·語学』207号、2013年)。そのため、実際には欧米の文献を参照したり、様々な文字資料に頼っていたにも拘わらず、その点が示されず、柳田国男の独創だと思い込まれてきた事柄も少なくない。また、柳田国男が研究成果として記述するなかに提示した各地の民俗事象についても、その情報源について明示することは少なかった。彼自身が各地を旅行した折に、自ら聴いたり見たりして獲得した情報や資料について、文中に注記することはほとんどなく、またそれらの記述の裏付けとなるような自筆の記録はほとんど知られていなかった。成果品としての著作に示されている各地の民俗事象について、地誌や記録類に記載されたものや門弟から報告を受けた部分を除いて、それがいつどのように獲得されたものかはほとんど把握できなかった。各地を旅した際に記したであろうメモやフィールドノートに類するものはほとんど知られていない。折口信夫には調査記録ともいうべき自筆採集手帖が残されており、その一部は後に『折口信夫全集』に収録され公開されているのに対し、柳田国男が訪れた先で獲得した情報・資料は隠されたままであった。もちろん、柳田国男の場合、日本列島各地を旅しても、現地を訪れ、地域で行われ伝えられている民俗事象を直接観察したり、あるいは地域の人々に面談して聞き書きし、記録することがほとんどなかったという事実があり、調査記録としてのフィールドノートが残されていないのは当然と考えられる面もあった。

また柳田国男の年譜的事実についても、『定本柳田國男集』別巻五(1971年)に収録された「年譜」に記載されながら、その裏付けとなる記録を確認することができない事項がいくつも指摘されてきた。柳田国男の最晩年の1960年5月13日に千葉市で行った講演が「日本民俗学の頽廃を悲しむ」と題したことが「年譜」には記されており、現在では広く知られている事柄であるが、この注目すべき講演題目は「年譜」以外の公開されている各種資料から確認することはできない。講演を主催した団体や関係者の記録からも知ることはできないし、人々の記憶にもとどめられていなかった(高橋在久「昭和35年柳田国男講演『日本民俗学の頽廃を悲しむ』をめぐって」『日本民俗学』237号、2004年)。この講演を聴講し、詳しいメモを残した菱田忠義も題目については記録していない(千葉徳爾「柳田国男の最終公開講演『日本民俗学の退廃を悲しむ』について」『日本民俗学』194号、1993年)。さらに、現時点で公開されている柳田国男自身の書いた記録からも確認することはできない。その確認できない講演題目が「年譜」に記載されたのは、「年譜」を作成した鎌田久子が柳田国男の「手帖」に記載されていた題目を見たからであるという(前掲高橋在久2004年の補注参照)。この講演題目の例が示すように、柳田国男は手帖あるいは日記に毎日の経験・見聞をメモ書きしていたと思われる。

柳田国男が日記をつけていたことは広く知られ、そのうち1922年のスイス滞在中の『瑞西日記』、1945年前後の『炭焼日記』など限られた時期の日記は公開もされている。小田富英は『定本柳田國男集』に収録された日記を紀行文も含め全部で10編掲げて解説した。そして、それ以外の時期についても柳田国男は日記を書いていたことを推測した(小田富英「日記」野村純一他編『柳田国男事典』1998年)。公開されている日記はごく短い期間であり、人生の大部分の日記や手帖はその存在さえ明らかでない。それにも拘わらず、小田はじめ多くの研究者は柳田国男の日記の存在を想定している。それは、いくつかの機会に鎌田久子が柳田国男の日記や手帖を参照したり、引用したりしているからである。例えば、佐々木喜善が水野葉舟に伴われてはじめて柳田国男を訪れたのは 1908 年 11 月 4 日であり、その日に早速柳田国男は「其話をそのままかきとめて『遠野物語』をつくる」という決意表明を日記に記していたということが、やはり鎌田によって述べられている（石井正己『遠野物語の誕生』2000 年）。その後、柳田国男研究者によって日記･手帖の発見への努力はされているが、そのことについて承知していたと思われる鎌田久子が 2011 年に亡くなり、大きな手がかりを欠くことになった。

以上のように、柳田国男の見解の根拠となる先行研究も民俗事象も秘匿されままであった。また年譜的事実についても、その根拠が明らかでない事項がいくつもあった。その事情は現在でも基本的には変わっていないと言って良い。しかし、少しずつであるが、事態は変化してきた。成城大学民俗学研究所は、2000 年（平成 12）に『民俗学研究所紀要』第二十四集別冊として「柳田国男の日記」を発行した。そこには 1934 年（昭和 9）「学問の日記」、1942 年（昭和 17）以降の「木曜会日記」、「大正九年八月以後東北旅行」そして「水曜手帖付録」と題された四種の日記･備忘録の影印と翻刻が収録され公開された。これらは柳田国男から生前に丸山久子に贈られていたもので、丸山久子没後に遺族から成城大学民俗学研究所に寄贈されたものである。なお、収録された日記が丸山久子の手許に残されていたという事実は、本書の「手帖」が瀬川清子の遺品の中に含まれていたことの意味を解く鍵にもなる。柳田国男が自分の原稿、抜き刷り、蔵書などを門弟たちに「下賜」していたことは知られており、その一つの形態として日記や手帖も記念の意味を込めて門弟たちに与えられたと考えられよう。

柳田国男の最初で最後の沖縄旅行は、彼に大きな影響を与え、民俗学確立に決定的な意味を持ったと考えられるが、沖縄旅行を通じて柳田国男が獲得した認識や知識は紀行文としての『海南小記』の記述から窺うのが唯一の方法であった。沖縄を巡った時に訪れた先で何を見て、何を考えたかを直接記録したフィールドノートのような存在は広くは知られていなかった。ところが2009年に酒井卯作によって『南島旅行見聞記』が刊行され、『海南小記』の基礎となった柳田国男の手帖を全文翻刻して全面的に明らかにされた。そして、その手帖は研究資料として民俗学研究所で閲覧できるように柳田国男から提供されていたが、その時点では紹介や翻刻などはされず、1970年代になってはじめて翻刻されたことを紹介した。この1921年の沖縄旅行の手帖を世に紹介したのもまた鎌田久子であったという。鎌田は「柳田国男の海南小記」と題して関西大学文学部の『地域文化』1号（1974年）に手帖の存在を紹介し、その一部を翻刻した。それをうけて、翌75年に酒井卯作が全文を翻刻して『南島旅行見聞記』と題しガリ版刷りによって100部余りを刊行した。しかし、これら1974・5年の紹介はほとんど知られることなく経過し、2009年の『南島旅行見聞記』の刊行によってはじめて柳田の沖縄旅行の手帖が広く知られるようになったと言って良い。これによって、『海南小記』の記述には、前提となる基礎データがあることが判明し、そして柳田自身が旅の途次で何を見、何を聴いて注目したかが具体的に把握できることとなった。ただし、この『南島旅行見聞記』の原本は散佚して現在の所在は明らかでないと酒井卯作は述べており、ここにもまた不明な点がある。

二

本書が明らかにする瀬川清子旧蔵の柳田国男『明治三十年伊勢海ノ資料』は、今までに順次明らかになってきている柳田の日記・手帖のうち、最も初期に属する1冊だと言える。「手帖」の表紙にはシールが貼られ、そこには「明治三十年伊勢海ノ資料」と記されており、その筆跡から判断して柳田国男自身が書いたメモであることは間違いない。ところで、酒井卯作の『南島旅行見聞記』には、手帖の表紙に「南島旅行見聞記」と記されたシールが貼られていたことが写真で紹介されている。そこに示されたシールは、今回の「明治三十年伊勢海ノ資料」と書かれたシールと全く同じものと判断できる。したがって、柳田国男自身がある時期に手帖やノートの内容を速やかに判断できるように、表紙に内容を記載したシールを貼り付けていたものと理解できる。このシールで柳田国男は、「手帖」を「伊勢海ノ資料」として位置付けていたことが分かる。

「伊勢海ノ資料」とは彼が1902年（明治35）に『太陽』8巻8号に発表した「伊勢の海」（『柳田國男全集』23巻所収、2006年）を指しているものと思われる。「伊勢の海」は柳田国男が体調を崩し静養のために一ヵ月あまり滞在した伊良湖岬での見聞を紀行文としてまとめたものであり、その記述のなかに海岸に流れ着いた椰子の実が登場することで注目されてきた。そして、『海上の道』で提出された、日本人の先祖は中国大陸の南部から暴風によって漂流して沖縄に辿り着き、その地の魅力に惹きつけられて改めて家族を伴い渡来してきたとし、その沖縄を拠点に再び船で黒潮にのって島づたいに北上し、日本列島全体に住むようになったという雄大なロマンに満ちた仮説の形成過程には学生時代に経験した伊良湖岬での椰子の実の感動があったとする説の根拠となってきた。発表された紀行文「伊勢の海」は作品として整った文章であり、内容も読者を想定して精選されていると言って良い。実際に伊良湖岬滞在中に何を見て何を感じたのかは装飾された紀行文では分かりにくい。伊良湖岬滞在中に見聞したことをその場で、その時に書き綴った記録があればより実態を明らかにできるはずである。今回の『伊勢海ノ資料』はその点で貴重な資料である。

なお、柳田国男自身は伊良湖岬滞在を1897年（明治30）のこととして記憶していたようで、「手帖」に貼り付けられた表題にも「明治三十年伊勢海ノ資料」とし、またいくつかの文章で1897年のこととしているが、別に刀根卓代による解説で明らかにされているように、実際は1898年に伊良湖岬に滞在したのである。鎌田久子の作成した「年譜」（『定本柳田國男集』別巻五）には、1898年（明治31）のこととして記載し、わざわざ「編注・従来の三十年は本人の記憶の誤り」と記している。前年の1897年の7月に第一高等学校を卒業し、9月に帝国大学法科大学に入学した柳田国男（1901年までは松岡国男であるが、ここでは便宜的にすべて柳田国男に統一した）は、翌年の2年次になったばかりの8･9月に一ヵ月あまり保養のため伊良湖岬に滞在したのである。したがって、「手帖」の表題も正しくは明治31年とすべきものである。

柳田国男はシールには「明治三十年伊勢海ノ資料」と記載して貼り付けているが、「手帖」全冊が伊良湖岬滞在中のものではない。また記載されている事項に年月日は記されておらず、内容は一貫しているわけでもなく、手控えの「手帖」と判断できるが、日記という性格は帯びていない。柳田国男は「手帖」の3ページ目に「前半ハ伊良虞手帖　明治三十年ノモノ　最モ古キ手帖也　コレモ大学生ノ頃ノモノ」などと記しているように、「手帖」の前半が伊良湖岬滞在中のメモであり、後半は学生生活をおくるなかで備忘録として書き留められた各種のメモである。

「手帖」前半部に記録された伊良湖岬滞在中のメモは非常に興味深い内容を記録している。一つは伊良湖岬についての各種文字資料からの抜き書きである。そしてより注目されるのは、伊良湖岬滞在中に村人たちから教えて貰ったと思われる各種の民俗事象や出来事のメモである。伊良湖岬滞在時の柳田国男は大学の2年生になったばかりであり、もちろん未だ民俗学とか土俗学について研究していないし、勉強と言うほどのこともしていなかったと考えられる。今流に言えば法学部の学生だったので、そのような研究分野があることも知らなかったものと思われる。それにも拘わらず、伊良湖岬の人々の生活に興味を抱き、その一端をわざわざ「手帖」に書き留めているのである。

柳田国男自身が言うように「手帖」は「伊勢海ノ資料」という性格を基本的に持つ。「手帖」の記事と「伊勢の海」の内容を比較してみると、そのことは歴然である。「伊勢の海」の最初に記された、伊良湖岬は古くは島であり、後に陸続きになって三河国に入ったという記事は「手帖」に記録されている。また「伊勢の海」最初から3段落目（『柳田國男全集』23巻、228頁）に書かれている、たまたま安乗崎の灯台の灯が消えていたために航路を誤って砂浜に乗り上げ、その座礁した船が積み荷の処理のために大きな提灯を掲げたが、その灯を灯台の灯と間違え一晩に四艘もの舟が打ち上げられたという事故は、全く同じ内容で「手帖」に記されている。また伊良湖岬の上空を飛んでいく鷲は磯鷲というとの記事も「手帖」に同じように記載されている。また「伊勢の海」で、アワビには雄貝と雌貝の別があり、「雄は皮厚く背円く色黒くして味良からず」と記すが、これも「手帖」にほぼ同文で記録されている。今では名物となっている牡蠣は奥州産の種を伊勢の海に放したのが始まりとする。これも「手帖」に書かれているが、「手帖」では尾張・三河沿岸の牡蠣は昔知多半島に奥州産の牡蠣を導入したからとしていて、より限定的である。「伊勢の海」というテーマに適合させるために広域的な表現したものと思われ、そこには文学青年としての判断が示されていると言って良い。「手帖」と「伊勢の海」を比較してみると、「伊勢の海」に記載されている多くのことが「手帖」に記されており、「手帖」が前提となって「伊勢の海」は執筆されたと判断できる。伊良湖岬滞在中にメモした「手帖」の記事を基礎に、5年前の記憶を蘇らせつつ執筆したのが「伊勢の海」であった。

ところが、「伊勢の海」に比較的詳しく書かれている事項で、それに対応する記事が「手帖」に見られないものがいくつかある。もっとも代表的な事柄は有名な椰子の実であろう。「伊勢の海」でも椰子の実の記事はさほど重要な意味を与えられていないが、海岸で椰子の実を発見した感動は大きかったと思われる。東京に戻ってから島崎藤村にそのことを語り、藤村がそれを新体詩として発表したことでそれは推測できるが、この感動に直接関係する記事は「手帖」には見られない。また「伊勢の海」で若者組について注意し、「村の若者も多くは其家に寝ず、二十前後の頃は、皆村の重立ちちたる人に託せられて、夜は其長屋に行きて寝るなり」に始まる寝宿慣行を記すが、これに対応する記事は「手帖」には見られない。しかし、「手帖」に「わかきものの教育法の事」と内容抜きで項目が記されており、柳田国男が若者に関心を抱いていたことが分かる。さらに「伊勢の海」で比較的多くの分量を割いて紹介しているのは神島のことである。柳田国男は神島に渡り、そこに滞在した。その印象、さらにまた神島の人びとの生活について述べている。しかし、これに対応した記事を「手帖」で見付けることができない。このことから、「伊勢の海」の執筆には「手帖」に書かれたことが参照されたり引用されたりしているが、すべてが「手帖」に基礎を置いているわけではないことが分かる。殊に神島に関する記事は「手帖」には多くは見られず、別にメモやデータがあったものと思われる。「伊勢の海」では、神島に関して、「村隠居」と呼ばれる長老制ともいうべき村落制度を紹介しているが、「手帖」にその材料を見付けることはできない。

「伊勢の海」に書かれた事柄は「手帖」のメモを基礎にしていたことは間違いないとしても、その関係は単純ではない。「手帖」に記録されていないことが「伊勢の海」には少なくない。さらに注目すべきことは、「手帖」に伊良湖岬や渥美半島、さらには伊勢湾沿岸地方のこととして記録されていながら、それが「伊勢の海」には利用されていない事柄が少なくないことである。「伊勢の海」の基礎データとしての「手帖」と理解するだけでなく、「伊勢の海」に採用されなかった記事の意味も考えることが必要である。「伊勢の海」は紀行文として『太陽』に発表されたものであり、その性格上「手帖」にメモしてあった事項でも取りあげなかったことがあるのは十分納得できる点である。そこで、次に登場する課題は、「手帖」に書き残された内容から柳田国男は伊良湖岬滞在中に何を見、何を聴き、何に関心を抱いたかを検討することであり、その前提として「手帖」の内容を整理し、再構成することである。

未だ民俗や民俗学について勉強していない大学２年生の備忘録としての「手帖」であるが、そこには後に民俗学を勉強するようになったときに見られた興味関心、あるいは志向がすでに見られる。1908年（明治41）の夏の九州旅行と秋の佐々木喜善との面談によって民俗への興味が生じたことを契機として日本の民俗学の学問形成は始まるが、その柳田国男の民俗への関心は学生時代から抱かれていたことが「手帖」によって分かる。「伊勢の海」の記述にも示されているが、「手帖」でより明瞭になるのは、後に言う民俗語彙への関心である。多くの事物についてその土地での名称を確認し記録しているのである。特に、風の名称に大きな注意を払っている。また言葉では表現が難しい事物を図示化することを試みている。そのような民俗への関心が民俗学形成以前にすでに抱かれていたことが分かるという点でこの「手帖」の価値は大きい。

三

「手帖」の後半は伊良湖岬とは関係のない記事が並んでいる。恐らく東京に戻ってからの日常的な備忘録だったと思われる。書かれている事項は多岐にわたり統一されたものではない。なかには柳田国男の学生時代の交友関係を明らかにする際に役立つと思われる人名が記載されており、住所が書かれている者もいる。また遊び心で認めたものと思われるが、山内銀次郎が３年以内に結婚すことを柳田国男と約束した誓約書も記入されている。山内銀次郎については不明であるが、友人であったことは間違いない。後半部の記載事項の中心部は書籍に関するメモである。書名、著者名、出版元などが書かれており、多くの欧文文献が含まれている。これらは、学生として得た情報を記したものであろう。購入を予定したというよりも、参考文献、学習文献として図書館や研究室で閲覧するための情報というべきであろう。経済史、政治史、社会史に関する研究書が多いが、柳田国男の蔵書として残されている成城大学の柳田文庫の蔵書内容とは一致しない。やはり学生時代の学習のための参考文献情報と解すべきであろう。柳田国男の専門知識の内容を検討する際には役立つ情報である。

最初にも述べたように、柳田国男は自己の著作のなかで種明かしをしないことが多かった。そのため、立論の基礎にどのような先行研究があり、どのような文献を参照したのかが分からず、柳田国男論研究者に皮肉なことに研究課題を提供してきた。柳田国男の民俗学方法論を形成する二大柱の一つである方言周圏論について、彼の独創として評価するにしても、彼が理論形成に際して学んだ先行研究があると推測され、それに関していくつかのヨーロッパ理論からの学習が想定されてきた。その柳田国男が学んだ理論の一つとしてドイツのチューネンの理論がある。このことについては千葉徳爾が指摘し、千葉がそのことを柳田国男に尋ねたところチューネンの理論からヒントを得たことを認めたという（千葉徳爾『民俗と地域形成』「本書を読む方に」1966年)。しかし、その根拠となる材料は明らかにされていなかった。ところが「手帖」に「フォンチイニン著農業孤立」と文献名が記載されているのである。「フォンチイニン」はJohann Heinrich von Thünen、「農業孤立」は彼の代表的著書である『農業と国民経済との関係における孤立国』を指しているものと理解して間違いないであろう。農業経済を専門的に学ぼうとしていた柳田国男がチューネンについても関心を抱き、それを読もうとしていたことが分かり、後の周圏論の理論形成に際して学生時代の勉強の成果が活用されたと考えてよいであろう。なお、柳田国男がチューネンの「孤立国」の知識を有していたことは、1910年（明治43）に発表した「島々の物語」（後に「島々の話」その二として『島の人生』に収録、『柳田國男全集』19巻、1999年）で、伊豆大島の土地利用について三原山を中心に五つの圏が形成されているのは、「チューネンの孤立国Isolierte Staatの法則を実現したもので、唯島だけに内外の順序が逆になつて居る」と指摘していることで分かる。学生時代に「孤立国」について学び、それを後の民俗の解釈に応用したのである。「手帖」の記事はその裏付けとなる。

このように「手帖」後半の記載内容も柳田国男研究および民俗学研究にとって重要な意義があると言える。

（国立歴史民俗博物館名誉教授、柳田國男記念伊那民俗学研究所所長）

解説と解題

はじめはじめの伊良湖ものがたり

刀　根　卓　代

はじめに―手帖「明治三十年伊勢海ノ資料」発見の経緯

鹿角市立先人顕彰館に収蔵されていた瀬川清子の「採集手帖」二十四冊の影印を行ない、ＤＶＤブック『採集手帖（沿海地方用）、郷土生活研究採集手帖全二十四冊』瀬川清子を刊行する際、瀬川が一緒に収蔵していた黒い手帖「明治三十年伊勢海ノ資料」（縦13cm×横9.5cm）を同書に所収するかどうかが問題となった。手帖は、表紙の題簽の筆跡、手帖の中の筆跡、内容から、柳田國男（当時、松岡國男）のものであることが判明した。先の『採集手帖（沿海地方用）、郷土生活研究採集手帖』は、瀬川清子が調査した採集記録の保全という趣旨であったため、柳田の手帖をその中に所収することはしなかった。

しかし、この柳田の手帖は、「伊勢の海」（『太陽』、1902年）のもととなったものであるのみならず（「伊勢の海」は松岡梁北名）、後年の「海上の道」（1961年）構想の発端となるものであり、柳田国男研究の資料として大変貴重なものである。ここに改めて、一冊の影印本とすることになった。

一、手帖の書かれた年の特定

手帖の書かれた年に関しては、表紙の題簽のような貼紙に柳田の朱字で「明治三十年伊勢海ノ資料」とあり、冒頭頁に「前半ハ伊良虞手帖　明治三十年ノモノ　最モ古キ手帖」とある。

柳田は、伊良湖滞在を「海上の道」では「明治三十年」とし、「夏」「故郷七十年（播州帰省）」では明治三十一年としている。また、『北小浦民俗誌』の記述からは明治三十年ということになる（傍線刀根）。

「遊海島記」は明治三十年三河伊良湖崎に遊んだ折の紀行文で、明治三十五年雑誌「太陽」八巻八號に「伊勢の海」と題して発表。　　　　　（『定本柳田國男集』第二巻「あとがき」486頁）

途方も無く古い話だが、私は明治三十年の夏、まだ大学の二年生の休みに、三河の伊良湖崎の突端に一月余り遊んで居て、この所謂あゆの風の経験をしたことがある。

（「海上の道」392頁）

多分明治三十一年の夏だったと思う。私ははじめ三河の伊良湖岬へ行っていた。そこへ東京から田山花袋ら大勢の友達がやって来た。島崎藤村は来なかったが、私が伊良湖で拾った椰子の実の話を、東京に帰ってから話して聞かせたことが、藤村の長詩「椰子の実」の材料になった。伊良湖から田山たちといっしょに伊勢に行き、そこで別れて私一人だけ播州へ帰った。

（「播州帰省」『故郷七十年』171頁）

僕が二十一の頃だったか、まだ親が生きてゐるうちぢやなかつたかと思ふ。少し身体を悪くして三河に行つて、渥美半島の突つ端の伊良湖崎に一ケ月静養してゐたことがある。

（藤村の詩「椰子の実」『故郷七十年』341頁）

それは明治三十二年の夏のことであつたが、（中略）機会は得られなかつた。さうして一方には三河の伊良湖崎のやうに、其二年前に私の行つて居た時まで、全く之を使はない土地もあつたのである。　　（『全国民俗誌叢書1　北小浦民俗誌』18頁）

柳田の年表作成に関わった鎌田久子も、次のように対談で述べている。

伊良湖においでになった時のことですが、先生からは、はじめ明治三十年と伺い、三十一年とも伺ったことがあるのですが、藤村から田山花袋宛の明治三十一年九月十七日付の手紙にこの時のことが出ていて、この月のはじめのことだということがはっきりわかったんです。ところが、改造社版の現代日本文学全集の自筆年譜では明治三十年に伊勢海に遊んだとあり、「郷土研究」三巻四号には伊良湖に行ったのは雑誌「太陽」に「伊勢の海」をお書きになった五年前のことだと書いておられるわけです。「太陽」に書かれたのは明治三十五年ですから、明治三十年説が正しいことになります。そうしますと、藤村の手紙とあわなくなってしまうわけですが……、記憶と、手紙の日付とどちらを採用してよろしいものやら……。三十年の九月は大学にお入りになった時で、入学式のことも調べたのですが、もう分りません」　　　　　　　　　　（「定本柳田國男集　月報36」）

また、鎌田が関わった日本近代文学大系45『柳田國男集』（解説　山本健吉、注釈　鎌田久子、田中宣一）の「遊海島記」の注にも、

一　遊海島記　明治三〇年三河伊良湖岬に遊んだ折の紀行文。明治三五年、「太陽」八巻八号に「伊勢の海」と題して発表。明治四一年四月、「文章世界・二十八人集」に「遊海島記」と解題して収録。のち『現代日本文学全集第三十六篇・紀行随筆集』（昭４・８　改造社）に収める。（158頁）

とされている。

柳田の後年の記憶の中で、伊良湖滞在の年が、明治三十年とも三十一年とも混同されていたことがわかる。また、鎌田が困っているように、島崎藤村が田山花袋に宛てた手紙には、日付のみあるものの年次が示されておらず、封筒が残されていないため消印から差出年を特定することもできなかった。

また、田山花袋の『東京の三十年』においても、

> 明治三十年には、夏の九月の初めに、三河の渥美半島を訪い、福江に杜国の墓の草に埋れたのを弔い、伊良湖岬の一村落に十日ほど滞在した。丁度その時、柳田君がそこに行っていて、瀟洒な貴族風な大学生ぶりをそこらに振廻していて、一緒に船で神島へと渡った。
>
> （田山花袋、「私と旅」、『東京の三十年』、237 頁）

田山自身が、回想して記しているため、「明治三十年」となっているが、1991 年に発行された『田山花袋宛柳田國男書簡集』には、柳田が伊良湖から田山宛て出した葉書（田山花袋記念館収蔵）が二通（七月二十六日付、八月八日付）所収されている。しかし、同書には七月二十六日付の一通のみしか写真版が所収されておらず、二通と

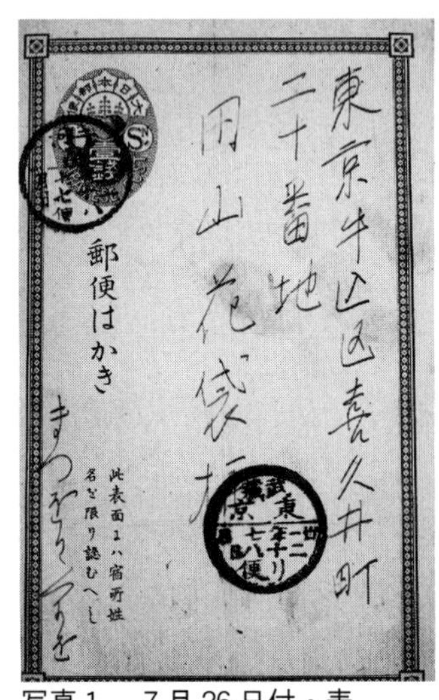
東京牛込区喜久井町
二十番地
田山花袋様
郵便はかき
此表面ニハ宿所姓名ヲ限リ認ムヘシ

写真１　７月 26 日付・表

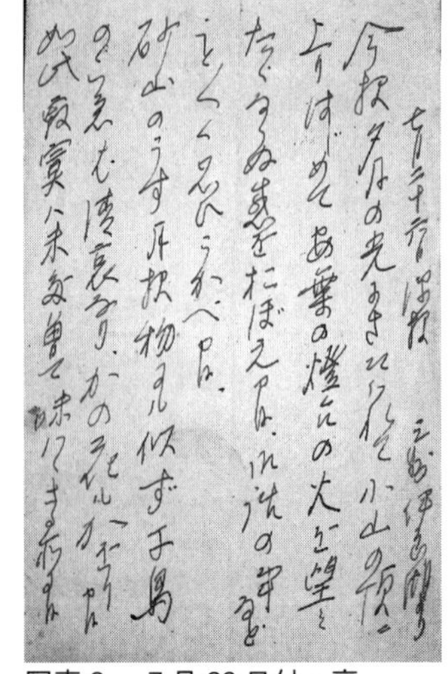

写真２　７月 26 日付・裏

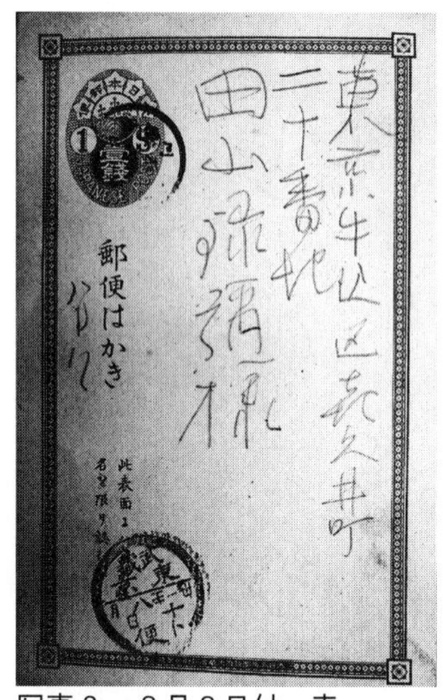

写真３　８月８日付・表

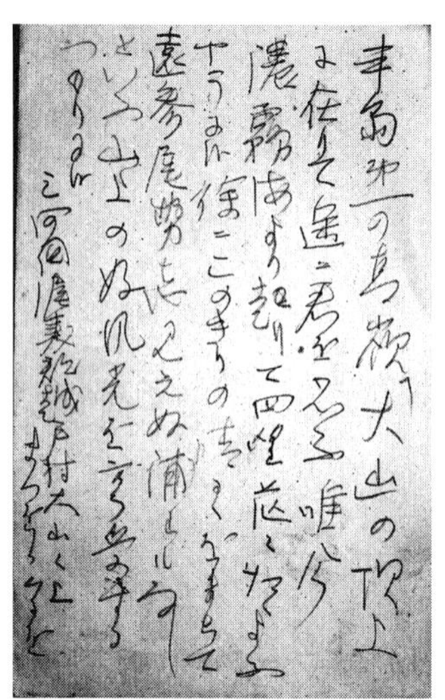
写真４　８月８日付・裏

もの消印を確認する必要があった。そのため、館林市の田山花袋記念館収蔵の葉書を撮影させて頂いた。写真１、３の消印「卅一年」から明治三十一年で間違いないことが判明した。

以上のことから、事実としては、伊良湖滞在は明治三十一年ということが検証できたが、本書書名については、柳田が手帖に付したタイトルのまま「明治三十年伊勢海ノ資料」として用いる。

これらの写真葉書二通の裏面は下記である。

七月二十六日付花袋宛て葉書（田山花袋資料館書簡番号（No.25））

　　　　七月二十六日深夜　三州伊良湖より

　　今夜夕月の光にさそハれて小山の頂ニ
　　上りはじめて安乗の燈台の火を望ミ
　　たゞならぬ感をおぼえ申候、御話の事など
　　ことごとく思ひうかべ申候、

砂山のうす月夜物にも似ず千鳥
のこゑ尤清哀なり、かの花もかをり申候
如此寂莫ハ未だ曾て味ハゝさる所に候

八月八日付花袋宛て葉書（田山花袋資料館書簡番号（No.26））

半島第一の高嶺「大山」の頂上
に在りて遙ニ君を思ふ唯今
濃霧海より起りて四望茫々たゝよふ
やうに候徐ニこのきりの晴るゝをまちて
遠参尾勢志見えぬ浦里もなし
といふ山上の好風光を享受する
つもりに候

三河國渥美郡越戸村大山々上

まつをかくにを

二、内容の分析

全188頁。その内、前半107頁（以下、本稿においては、本書所収の手帖の頁に合わせる）までが「伊勢の海」の資料（101から103にかけては欧文文献名が含まれている）、後半が東京に戻ってからの内容と推定される。以下に、前半、後半部に分けて内容を分析する。

なお、本書、104～105、138～139、140～141、142～143、144～145、146～147、148～149の見開頁は空白のままである。また、153～168頁、171～185頁は、手帖を後ろ扉（逆頁）から使用したのか、上下逆となっている。これらの空白頁の存在や、手帖を後ろ扉から使用していることからも、前半部、後半部とに分けて分析する必要があろう。

1．前半部分——伊良湖岬滞在の折に収集した史資料、採話

(1) 柳田の伊良湖からの岡山への旅程

資料1　山田から岡山への旅程

区間	時間	料金
山田— 津	一時廿五分	三十九戔
津 —亀山	三十四分	十五戔
亀山—冨田	一時八分	廿一戔強
亀山—~~草津~~ 柘植	一時間余	十八戔強
柘植—大佛	二時間廿五分	四十七戔
奈良—湊町	二時間	三十六戔
湊町—大阪	廿五分	八戔
大阪—神戸	一時強	二十戔
神戸—岡山	七時間	一円八十戔

〈以上、18 ～ 19 頁〉

伊勢——大阪——岡山

玉島——多度津

——

大阪——直航

〈以上、188 頁〉

手帖の 18、19 頁と 188 頁に、山田から岡山の旅程のメモが書かれている。このメモは、先の「播州帰省」の「花袋たちといっしょに伊勢に行き、そこで別れて私一人だけ播州へ帰った」部分に相応する。

> 多分明治三十一年の夏だったと思う。私ははじめ三河の伊良湖岬へ行っていた。そこへ東京から田山花袋ら大勢の友達がやって来た。島崎藤村は来なかったが、私が伊良湖で拾った椰

子の実の話を、東京に帰ってから話して聞かせたことが、藤村の長詩「椰子の実」の材料になった。伊良湖から田山たちといっしょに伊勢に行き、そこで別れて私一人だけ播州へ帰った。

そのころ、井上の兄はもう姫路から岡山へ転任していたので、まず岡山を訪ね、帰りに播州へまわっていく日かをすごし、東京へ帰って来た。

（「播州帰省」『故郷七十年』171 頁）

この旅程部分を花袋の『東京の三十年』から重ねて見てみると、

とにかく、旅行は私に種々な知識と感興とを与えた。それに、その時分は、汽車がまだ今日のように開通していないので、大抵は草鞋穿きで、一日十里、十二里の路をてくてく歩いた。明治三十年には、夏の九月の初めに、三河の渥美半島を訪い、福江に杜国の墓の草に埋れたのを弔い、伊良湖岬の一村落に十日ほど滞在した。丁度その時、柳田君がそこに行っていて、瀟洒な貴族風な大学生ぶりをそこらに振廻していて、一緒に船で神島へと渡った。神島は今一度是非行って見たいと今でも思っているほどそれほど好風景であった。尠くとも鳥羽水道の怒濤は、海山の勝として日本屈指のものであることを私は疑わない。

で、十日ほどいて、福江から汽船で知多半島の亀崎に渡り、それから汽車で、O君を伊勢の一身田に訪ねた。丁度十五夜で、柳田君とO君と三人で町のある旅館に飲んだが、柳田君が靴の紐を結ぶことも出来ないほどに酔って、頻りにハイネの詩を朗吟したことを覚えている。其処から柳田君は奈良に向い、私はO君にわかれて、東海道のかえりの汽車賃だけで、名古屋から木曾へと木賃旅行をした。

（「私と旅」『東京の三十年』237 頁）

柳田と田山がO君と記されている太田玉堂を一身田に訪ねたことがわかる。一身田は、手帖のメモの〈津—亀山〉間に位置する。

また、この旅程メモの中で注目すべきは、大佛の駅名が見えることである。〈柘植—大佛〉の大佛駅は、ちょうど、その年（明治三一年）四月に関西鉄道加茂—大佛間開通によりできた駅であり、このことからもこの手帖の年、旅程が明治三十一年四月以後であることが言える。

なお、傍線部、柳田が頻りに朗吟したハイネの詩とは、この手帖の16頁に記されている“There are certain mirrors, so constructed that they would present even Apollo as a caricature. But we laugh at the caricature, not at the god. Heine”（アポロンでさえカリカチュア（戯画化）してしまうような構造を持つ何枚かの鏡がある。しかし、私たちはカリカチュアを嗤うのである。神ではなく。）であろうか。詩歌の中での“自分自身の戯画化”ということを考えていた柳田らしいハイネの詩の書き抜きである。

⑵ 伊良湖に関する資料の書写等

柳田国男は、「伊勢の海」に「図らず伊良湖に来て、其家（糟谷半之丞＝磯丸、刀根注）の隣に宿り」（233頁上段）、「我が三月の間宿りしは、或長屋の隣りにて」（235頁上段）と記されている小久保惣三郎宅に滞在している。この手帖はその折に記されたものと推定される。

この手帖の前半部分の大半は、伊良湖、篠島、神島に関する地誌、歴史書（「伊良湖名所記」、「伊良湖行程記」、「伊良湖崎集」など）からの書写、古老からの聞きとりである。

文書資料の中で、柳田が関心を示したのは、①万葉集にある麻績王、②蕉門の俳人杜國、③磯丸こと糟谷半之丞であった。

①　万葉集にある麻績王

「伊勢の海」の冒頭、本文を始める前に、「万葉集」麻績王の部分を置いている。渡辺氏所蔵資料からの杜國に関する書写に続き、手帖の 45 頁に、平かな混じりで、歌二首「うちそををみのおほきみあまなれや伊良湖のさきに玉もかります」「うつそみのいのちををしみ波にぬれ伊良湖のさきに玉もかり　？　云々」と写した後、「をみのおほきみの事しらべて見ん」と書いている。それを受ける形で、96 頁に万葉仮名での麻績王に関する写しがなされている。「伊勢の海」の中で柳田に、「物悲しき千鳥の声に和して、遠き世の物語の中に辿り入らんとならば、三河の伊良湖岬に増したる処は無かるべし」(228 頁上段）と表現させた、その根源にあったのは都を遠く流離させられた麻績王への強い心寄せであったのであろう。

②　蕉門の俳人坪井杜國

「伊勢の海」に「此折の唱和の巻は、今も土地の人の蔵するありて、……、此人が事は近き昔なれば知る人も多く、我は又様々の日記手簡などを見て」(232 頁、下段）と記している芭蕉と杜國に関する資料は、この手帖の 40 ～ 45、72 ～ 73 (杜國の墓誌の写し)、98 ～ 101 に詳細に書写されている。杜國（？～ 1690）は、名古屋御薗町の米穀商であったものの延べ取引の罪にて畠村（現在の愛知県渥美郡田原市福江町）に流刑となり、晩年まで保美に暮らし、墓が隣江山潮音寺にある。手帖の 20 頁に鳥羽港日和山「たか一つ」の句碑とある。

手帖の 44 から 45 頁にかけては渡部氏所蔵の二幅からの書写を中心としており、そのあと頁が飛んで 72 から 73 頁にある杜國の墓誌は、実際に柳田が墓を訪れた時に書き写したものと思われる（鉛筆、赤鉛筆、青鉛筆で書かれており、不明部分が後に書き足されたと推測される)。杜國の墓所を柳田と訪ねたことは、田山の『東京の三十年』にも「福江に杜国の墓の草に埋れたのを弔い」と記されている。

柳田が、芭蕉と杜國に関して記したページは全体で12頁にもわたっている。柳田の杜國への関心の高さが偲ばれる。

③　磯丸こと糟谷半之亟

「おのれ稚き頃、家に有りし短冊（たんじゃく）の中にて、磯丸の歌を知り、次ぎては近昔（ちかき）の家々の聞書などに、漁夫磯丸の名の屡伝へられたるを見て、珍しきことに思ひしが、図らず伊良湖に来て、其家の隣に宿り、又幾度か其墓に詣でぬ、里人の質朴なる心には、唯（たゞ）神業なりやと思ひけん、火伏雷除（らいよけ）其他種々の禁咒（まじなひ）は悉く此人の歌なり、始て来たりし時、我窓の外に小さき祠（やしろ）あるを、何の神ぞと問へば、磯丸様なりと答へぬ」　　　　　　　　(「伊勢の海」233頁上段)

糟谷磯丸（半之亟　1764～1848）は、江戸後期の伊良湖生まれ。漁夫で三十歳過ぎまで文字の読み書きができなかったが、伊良湖明神へ母の病気平癒の願いをかけた時、神社に掛けられた古歌を知ったことで歌を詠み始めたと言われる人物である。柳田は、幼少から磯丸の歌を知っていたと言い、たまたま伊良湖に滞在した家の隣が、生家であったというのはさぞかし驚きであったことであろう。手帖の20頁に「磯丸翁のうた霊験ありしこと、鼠ふせのうたのこと、ねずみにくはれしこと」とある。また、39頁に小久保氏蔵の磯丸の資料から「雨あられゆきもこほりもかまつめて火よけにむすぶ水くきのあと」を写し、58頁にも「小原女の牛ひくかた」「白きくの花」の歌二首を写している。

磯丸の短歌の特徴は、滑稽味に富んだ呪いの歌を多く作っていることである。しかも、文字から歌詠みに入った人ではないために、口の端からこぼれ出たような歌が多いという特徴がある。より庶民性が高い、文芸というよりも昔話のフレーズ、あるいは遊ばせ歌のような調べを持つものであり、言葉の収集を好んだ柳田が、磯丸に興味を持っていたことは注目すべきことであろう。

(3) 柳田自身の採集——伊良湖民俗誌としての特質

① 話者について

「与八といふ翁の物語に、若き頃は幾つとも無く、此大なる獣(海驢、刀根注)を打留めたりき、……其岩の頂きより伏して狙(ねら)ひしに粗末なる火縄筒なれば、丸(たま)ころころと転げ出で丶」と記されている与八が話者であり、その火縄筒が、本手帖の78頁に書かれているスケッチである。手帖に「火ぶたを切るといふことはじめてなりぬ」とあり、柳田にとって初めての火縄筒体験がどれだけの驚きであったことかは想像に難くない。

また、「ゑひのかけ縄かけるときの図」もこの手帖の75頁にある。手帖のはじめには、島影のスケッチなども数枚含まれているが、それらのスケッチは「伊勢の海」や「遊海島記」には掲載されていない。自ら聞き取りした柳田でなければ描くことのできない貴重な図である。

この与八以外にも、次の事例からわかるように、柳田は多くの村人から話を聞いている。

> 海の風涼しきに坐し、往来する蜑人を呼び留めて、山の名、船の行方を問ひ、又其老いたる父と語る程に、黄昏は沖より催し来て、日は落ち雲の色濃くなりぬ。
>
> (「伊勢の海」231頁、下段)

人々が海の挊（かせぎ）に出でたる時、島に残りて女子供を問ひ慰さめ、又は万一の災あるときは、寄り合ひて夫々の処置を定むる為に、老功の人を選びて之を村隠居といふ、御寺村長の次に尊まるゝは此人々なり、我に様々の物語聴かせしは多くは、此等の村隠居なりき。　（「伊勢の海」231頁、下段）

此浜の自然児の間に、我は多くの忘れ難き友を得たり。
（「伊勢の海」233頁、下段）

或は彼の与八案内して、網をもて（鴨を、刀根注）捕らせんとせしが、一羽も獲る所なかりしかば疲れて松原の中に来て息（いこ）ひぬ。　（「伊勢の海」235頁、上段）

我が三月の間宿りしは、或長屋の隣りにて、夜更くる迄、質朴なる青年が海の話を聞き、我も折々は都のことを語るに、或は驚きて耳を聳（そばだ）て、又は笑ひて喜ぶさま、手束（てづゝ）なれども身に沁みて嬉しかりき。　（「伊勢の海」235頁、上段）

柳田が話を聞いたのは、与八の他にも、村隠居、浜を行く蜑人、そして若者宿に集う若者たち……、本当に多くの人から話を聞いている。民俗学という学問の樹立を意識する前から、滞在した土地で、土地の人に話を聞くという、聞き書き、採話という方法を用いていたことが良くわかる。まぎれもない民俗採集である。

② 景観（自然、人工）、地誌的部分

柳田は、滞在した伊良湖のみならず、近隣の島々（神島、篠島）においても、自然景観、地形、地名に強い関心を示し、以下のような記述が見られる。島影の図は、本手帖12、14頁にある。

（例）

・やねの鳶尾草、学校のやねにも／はまべの町の人家のやねハマ直に空までで外にはなきことを

・「海と陸とのただよふさま、陸地ハ凡て防禦の地に在り。陸地「人間といふ弱けれどもさかしき加担者あり」

・日清役の頃明神山ニ望海樓を設けしこと

・ちょっぽり山（ちよつぽり山ハ昔ハ三間もなほたかくさき尖りたりしか　かつて西洋人ら測量すとてけづりしより、二十七八年役に望海樓つくるとて又けつりたれハ今のやうにひくゝなりたり）

・日和山「たか一つ」の句碑。 芭蕉、越人、杜國

・いはね松　芭蕉翁の句碑

・干潟瀬のこと

・石門ハ二つ　一ハ海中に一ハ陸地にあり　土地の人ハ「あなぐら」といふ

・此あたり山上よりのながめいともよし　これを上人は牛の首といふとフ

・あのゝまつ原、津に近き海中に二本の松ありこれをそのあとといふ

・神島の岩の花、石灰石

・<u>で山</u>といふハ沖に出でて越戸の大山のかけなる田原の山を左へはづるゝあたりをいふ、山はづれとは神嶋に熊野の山がかゝるあたりをいふ

・小山の東おりて出つる時は志州の安乗のさきよく見ゆ、大王ハはれたる日にあらずば見えずとフ

・和地の多墓山、<u>明神</u>、<u>すハり石</u>、屛風岩、<u>池の神</u>、<u>経塚</u>、大石川、雄石雌石、赤亀、竜宮嶋　しまハ小さき岩ほて海中のハみなかふいふ　元ハ海中の石門のことにや（伊良湖名所記）

・かもめ石　　小山の北、海の中にアリ

・知多郡の野まのさき、左に右に羽豆さき見ゆ、野まの内海ハ見ゆる崎の少し北なり

山や岬などの地名の収集に関心を示し、地上からのみならず、海から見た地名（漁師の山当て）も記録している。さらには、日清の役において望海楼を作ったために、「ちょっぽり山」が削られてしまったこと、そして、砲台が作られたために人々が移転させられたことにまで柳田の筆は進み、戦争により人々の平時の生活が脅かされることへの批判精神が見える。「伊勢の海」も最後は「此頃海峡に砲台築かんの企ありて、神嶋二百余戸の漁民は、志州の国崎に移さるべしなどいへり、伊良湖も亦如何(いかが)あらん、願はしきものは平和なり」(237 頁、上段）で筆を置いている。

また、柳田は、生物（特に鳥）や植生にも注意を払って収集している。特に、松尾芭蕉が伊良湖で詠んだとされる「鷹ひとつ見つけて嬉し伊良湖崎」(この鷹とは杜国の意も掛ける言葉）の影響を受けてか、「もやずれ」の鷹に関しても詳細に手帖に記録している。和歌で培った柳田の自然描写、忠実な写実が生きている。

「蔓荊(まんけい)の花は伊良虞(いらご)の荒磯に、昔千鳥の声に和して深く其風情を身に沁(し)みたりしが此宿の垣根の外なる小(ちさ)き叢(くさむら)は図らずも其花なり新月の砂(いさご)に淡く小さき雲の頻(しきり)に沖を行(ゆ)く時浴衣翻す風に取とめも無く薫り来る」(松岡隠者、「漫夏消息」、181 頁、『柳田國男全集』23 巻）に見られるように、よほど、蔓荊の花の香は好もしかったようである。蔓荊は、ハマゴウ（浜香、浜栲)、ハマボウ（アオイ科のハマボウとは異なる）とも呼ばれる。手帖の中には、なんども「はふの木」が登場し、本稿 216 頁の伊良湖から田山花袋に宛てた葉書にも「かの花もかをり申候」とある。描写力を支えた体験が窺える。

・かすみのうらの風情　きりぎりすよくとぶ

・はふの樹の花、淡紫、葉ハぐみのやう砂山の上にはふ／はふの木のかをり夕くれいとたのし／べほの木

・水とり

・くすだま　桂樹のたぐひならん

・くまたか蘭、花枝になりて咲く、色白、葉ハ花芭蕉にやゝ似たり円通院にて見たり

・鴈皮の樹　花ハうすもゝいろの筒形の花にて群りてさく、葉はうつぎに似たり

・べほの木

・はふの木の実

・夏の鴨のこと

・わしハ伊良湖あたりのハ磯鷲とてさまてよき種類のものニあらす尾の羽ハ同じく十三枚あれともやずれありてよからず　十三枚の尾ばねハ十二枚ハならび　他の一枚ハ中ほどにかさなれるものなり、もやとハ山の上のいばらからたちなどの草むらをいふ　これにすれて羽のさきいたみやふれたるなり

③　生業およびそれに関連するもの

・ふじ川船　船の挿画

・いのかひ（淡菜）ハ村に問屋をなすものありて、かひあつめて横はまに送るなり　一戔二十八匁余、但、生のかひなり。

・貝は一つ平均十匁ほど。平均五厘也、されば横濱にて干したるものは百斤（十六貫目）二十五円位にて賣買するなるべし。之を買ふハ支那人のこと、土地のものハ阿まり之を好ミ食ハず。

・いのかひのとらるゝハ引しほの時ニ　満潮の時にハ瀬戸のなかれ強くして水の潜り安からす、干尽し、満尽したる時のミ流はしつかなり　引しほの時ハやゝとるに可なり

・この貝より出る珠ハ一匁四五十戔、一季に一人十五六匁ハうるも

のなりとか。(25頁)

・いかひの珠ハすべて肉の間に嵌りてあり問屋にて之を煮干にするとき、再び之をさぐりとること多けれハ問屋の収入も多かり。(26～27頁)

・亀山の村との相違、人一人の労働僅に十銭にあたる

・あらめとるわざ　和地村の内一色の風景のこと　　あらめハ一年中とめておきて一日にや合せてとるなり　いはほの上などに引かけほしおきて夕ぐれにとりけり　昔ハかかる内のくる人多からねハ紫の長三尺株の一かかへもあるがありけり　今はあらめのねよけれハ毎年とりつくりてうるなりとフ

・いわし、さば等の塩　三分塩　魚一斗にしほ三升　通常二分五厘より少からず五分より多からず

・常滑の陶器、古万古、射和、名古やの「ふじやき」、津の「あこぎやき」

・神島の石灰

漁業の中心である淡菜に関して、手帖には詳述されている。漁獲量から問屋の買い取り価格、横浜への流通、加工まで、生産と消費経済の視点からのデータを記述している。「伊勢の海」に「或日此貝取る舟に載せられて磯に出でしに、大浪のうねり舟に居てだに恐ろしきを、勇ましくも千尋(ちひろ)の底に飛入りて立働くさま、潮(うしほ)澄みたれば明に窺(うかが)ふべし」(235頁、下段) とあるように、舟に乗せてもらった時の興奮、感激は一入の物であったようである。また、いかひの珠についても手帖 (24～27頁) に記しているが、「伊勢の海」に書かれているのとは一人が獲る珠の量が違っている(手帖25頁は一季に一人十五六匁であるが、「伊勢の海」では十四五匁となっている)。また、手帖の30頁には、“Poem is, perhaps, a disease of humanity, as be pearl is the diseased oyster. (詩とは慈愛の病のようなものか、真珠

が病みたる牡蠣から出で来るように)” という感傷的な真珠に関する詩句が記されているが、「伊勢の海」には引用されていない。手帖によるしか理解できえない柳田の若き日の心の動きが見て取れよう。

④　社会制度、村組織と伝承

・六月三日の祭のこと
・わかきものの教育法の事
・村のはかばの石のこと
・あはのなるとか銚子の口か伊良湖度合(どあひ)のおそろしや
・鼠ふせのうたのこと、ねずみにくはれしこと
・いのかひの珠あはびのかきのあしのやのなだのしほやきいとまなし
・西北にあたれる砂原ハ十年程以前まで立派なる松原にて内に清水様の陣屋ありしを中山村あたりのもの此松の木をかひとりて切り去りしトフはその後砂の移動定まらず。風のるニこなたかなたニ砂山生しなくなり松林の地ハ漸く海に陥りゆかんとすと乗越山の頂にて北をなかめて村老なげく
・人たまのはなし
・火除歌（七十八翁　磯丸、雨あられゆきもこほりもかまつめて火よけになする水くきのあと）
・難船　昔ハ伊良湖の近海に難船いと多かりき明治になりて少くなりぬ／先年熊野浦のたいぢといふところにて鯨とり二百五十人ばかり水死せり
・伊良湖あたりにてハ年に一二度つゝ「天ぴ」といふものあり　流星なるべし大さふたり尺もあらんかと思ふ火の玉のもゆる火のやうなる色したるか　空わたりゆくその光ハ空にあまぎりやねの瓦もかドへつへし　海の方になかれゆきておつるとき雷のごときひびきをなすといふ

・狐の子と莊屋の子とにハかまふな（里諺）

柳田の伊良湖滞在における一番の収穫は、若者宿の隣に暮らし、実際、若者である自分も彼らと交流したことであろう。手帖には〈わかきものの教育法〉としか記されていないが、実際に自分の体験したことであるので、「伊勢の海」には、

> 村の若者も多くは其家に寝ず、二十歳前後の頃は、皆村の重立ちたる人に託せられて、夜は其長屋に行きて寝るなり、長屋の仲間の中には、不文の掟ありて、賤しき所を戒め合ひ、又長屋の戸主夫婦も、之を監督して其過を防ぐなり、わが三月の間宿りしは、或長屋の隣にて、夜更くる迄、質朴なる青年が海の話を聞き、我も折々は都のことを語るに、或は驚きて耳を聳て、又は笑ひて喜ぶさま、手束なれども身に沁みて嬉しかりき、
>
> （「伊勢の海」235 頁、上段）

と記している。柳田自身と歳もそれ程変わらない若者を〈質朴なる青年〉と呼び、〈身に沁みて嬉しかりき〉と素直にその交流を喜んでいる。この時の、若者宿の体験と強烈な印象（柳田のそれまでの成長過程には不案内であった）が、『採集手帖』（昭和九年度）の「二九、若い衆宿は今でも残って居ますか。若者入は今でも式がありますか」「三二、娘仲間のつきあひといふことが有りますか。 ○ 娘宿、娘連など海岸地方には良くあります。 ○ もし有ればいつ入り、いつ出ますか」の質問項目作成に大きな影響を与え、また、瀬川清子の海村生活研究、『若者と娘をめぐる民俗』へと繋がって行ったと推察される。

海難事故の話に関しては、聞き取りしたことのみこの手帖に記してあるが、実際、柳田自身が伊良湖滞在中に体験した鰹船の遭難事故（「伊勢の海」229 頁）に関しては手帖には見られない。

⑤　語彙

柳田は、語彙こそ民俗学であると考えていたと言っても過言ではない。「二十年も前に、私は一時熱心に風の名の集録を心がけたことがある」（『海上の道』 6頁)、「私は明治三十年の夏、大学の二年生の休みに、三河の伊良湖崎の突端に一月あまり遊んでいて、このいわゆるあゆの風の経験をしたことがある」（『海上の道』14頁）と記しているように、本手帖にも、多くの語彙が収集されている。その語彙の収集は、風の名のみに限らず、草木、鳥や魚の名、地形や天文事象に至る名まで、森羅万象、珍しい言葉を集めようとしている姿が見られる。

・淡菜、いのかひ
・魚の名　きす、あい、わが
・はまねのり
・阿はび、めがひ、をがひあり、をは皮厚く色くろく味よからず
　うまきハめがひなり
・ながせ、 風の名
・土用なみ　土用に入りて四五日　たかき浪あり
・くすだま、桂樹のたぐひならん
・鴈皮の樹、花ハうすもゝいろの筒形の花にて群りてさく。紫ハうつぎに似たり
・「くまたか蘭」花枝になりて咲く色白　紫ハ花芭蕉にやゝ似たり
　円通院にて見たり
・まぜ、みなミのかぜ　たかまぜがふくなどいふ
・いわしの子　ひら／じこいわしの子　ちりめんじやこ
・かますとさいらとハ別なり　前者味付るがによし
・外ごち、伊勢の海にてとる　味のよからすあたひやすし
・とびうを、つばめうを

・上をいへといふ
・めじろ　あなごの事
・よひの明星ハ光きわめて明るれハ夜の漁るとにさわることあり
・田耕地のことを「とおも」といふたおも（田面）なるべし「たんぼ」といふハたおもの義トフ。
・風の名　こち、いなさ、まぜ　ハみなみなり　こまのせよりふルハませといふとフ、ひかたまぜ（南々西）、ひかた（南西）、ひかた西（西々南）
・ひかさしほ　神しまより一直線に渡合をわたりて小山のいそにうちつくるはけしき瀬の名也
・はす　ひらめのこと
・一つば　草の名
・なんばん　とうがらし
・名乗菜　ナノリソ
・巖窟　シマケトイフ山の崖なとより風の力加はりて吹つくるものなり　はけしき常の風にことなり時としてハ帆かけなから舩のくつかへることもあり

これらの他に、本手帖には、〈天のほしをかそへて見れハ九ま九つ八つ一つ〉、〈なんほたじまのあらきのろでハあの子おもへハ苦にやならぬ（たじまハ知多のこと、新木の櫓）〉、〈いとしとのさまこのまりおきておひたてられてたひをつる〉、〈奉公するなら古田はたけ村いやな中山小なら山沖をとほるハとのさま舟かしやミやたいこてにぎやかな〉、〈いせのから山よしだのならひをはり北ぶけいつもふく〉など、歌謡や俗謡、短歌、俳句など採集したものが多く含まれる。「言葉」に対して、特別な感性を働かせた柳田ならではの「語彙」の収集が見られる。民俗学は語彙から始まったとも言える。

柳田の民俗誌記述のための手法、「採集手帖」は、この「伊勢ノ海の資料」手帖にすでに確立されていたと言えよう。本手帖は、「伊良湖民俗誌」とも呼ぶことができる内容であり、「柳田の最初期の民俗採訪誌」と比定することもできるのではなかろうか。

2．後半部分——東京へ戻ってからの記録

⑴　個人史的な記録　　父母の生没年、自分の生年（109頁～110頁）

天保　　三年壬辰六月　　父、生
〃　　十一年庚子六月　　母、生
明治二十九年丙申七月　　母　没
〃　　　　　　九月　　父　没
明治　　八年乙亥八月　　予　生

二年前に母、父を相次いで亡くしている柳田にとって、覚えとして書き残しておきたかったのだろうか、父や母の生年、そして、自分の生まれまでもわざわざ記入している。何かの物語を書き始めようとでも考えていたのであろうか。伊良湖の部分と東京での部分を分かつ位置（109頁から110頁）に置かれている。

また、手帖114頁に、以下のようにある。執筆の予定を立てていたと思われる。

計　　画
一、桐花曲、
プレルード、一、二、三、四
二、大川水、
三、冬ごもり
四、鶺鴒原
五、嫉、十首
六、落花
七、浮舟

⑵　時々の記録、交友関係

手帖の109頁以後、知人、友人等の名前や住所が頻出する（資料2に一覧）。田山花袋の「東京の三十年」に出てくる竜土会、イプセンソサイエティなど文学関係者の名前が多くみられる。地番まで書かれており、往来する親交があったことが窺われる。また、一か所のみ、日付が入っているのは「一月十三日」のみで、その日に集まった（あるいは集まる予定であった）のが「岡田君、輝夫、山仏、国木田、田山」であったということであろうか。

資料2　交友関係〈 〉は刀根注

・下野小俣村百の六　山野友一郎
・湯島天神の鳥居の通　高木といふ家の筋向　有田君
・小日向水屋町二十三の一　山名（金剛寺坂を下り右へ一丁ほど左かはの門）
・芝区二本榎西町二、加治木　小久保弥太郎
・牛込市ヶ谷河田町七　徳川邸　大伊春雄
・平河町五の三十二　寺井
・隼町八　蒲原〈←蒲原有明、本名隼雄〉
・竹原町十　福井
・久呈町百十五　志賀君
・春木町一ノ四二、春陽館　宮本保次
・北崎玉郡羽生町　太田〈←太田玉名、田山花袋の妻の兄、僧侶、柳田の伊良湖の宿泊先を紹介〉
・永坂町一、島津邸　中沢〈←中沢臨川〉
・本口二ノ三十一　東條方　林
・明舟町三十七〈←地番のみ、名前なし〉
・白山寿町四十八　平田〈←平田禿木〉
・真砂町二十二、浅野□□

・一月十三日
　岡田君〈←岡田武松〉
　輝夫〈←松岡輝夫〉
　山仏
　国木田〈←国木田独歩〉
　田山〈←田山花袋〉
・戸水氏　亜米利加ノ前途〈←戸水寛人か？　1894年に帝国大学法科大学教授就任〉
・さびしさの　いつはあれとも
　たちいてゝ　いもまつかとの
　秋の夕かぜ（中川）〈←中川恭次郎、柳田の義理の又従兄妹、國男の祖父が中川家から出ている。「文学界」では中川尚絅の筆名〉

このような交友関係が記されている中で、異なるのは、154頁から155頁へかけて（手帖の裏表紙から使用のためか、155～154頁にかけて）の〈山内銀次郎との覚〉である。しかも、その内容が、山内銀次郎がこれから三年以内に結婚しないという約束を柳田と交わしていることであり、約束を破った時のペナルティーまで書かれている。この頁には、斜線が引かれており、この部分は関係ないため不要ということで、瀬川に渡されたものであろうか。ただ、斜線を引かれたのみで残されていることに注目すべきであろう。後の人に見られて困るものであるならば、その部分を破棄した後、他人へ渡すと思われる。柳田にとっては、それほど大きな意味を持つものではなかったのであろうか。なお、柳田と山内銀次郎に関しては、『新潮日本文学アルバム　柳田國男』所収の写真「第一高等中学校時代、明治二七年頃」（23頁）後列に二人は収まっている。

資料３　山内銀次郎との覚

山内銀次郎今日より三年
以内即明治三十五年三月
十一日以前ニ結婚をな~~候時~~
~~□□~~さざることを約す。
もし之の約束を破る時ハ
小豆島行の旅費を支
弁する事但略五十円
位。
もし此約を守りたる時の
結婚にはハ祝物を贈るべし
但其價五円ぐらゐ
明治三十二年三月十二日
山内銀次郎
松岡國男

⑶　書誌のメモ

資料４に、手帖に出てくる書誌をまとめた。これら邦文書籍約20、欧文書籍50以上を高橋治「柳田國男の洋書体験一九〇〇―一九三〇――柳田國男所蔵洋書調査報告」と比較してみたが、この手帖の書かれた頃（1898年）の書誌は含まれていなかった。また、成城大学民俗学研究所「柳田文庫」のデータベースにも含まれていなかった。

手帖に記された書誌名が、すべて柳田の所有のものであるか、柳田が読んだものであるか、あるいは読もうとしていたものかどうかはわからない。田山花袋の『東京の三十年』によると、パウル・ハイゼ、ゴットフリード・ケルレル、ニイチェ、ハウプトマン、ズウデルマンなどが若者の間で読まれたといい、「その時分、私は柳田国男君とよく一緒にそういう書をさがして読んだ。書の後についてある書目、それから雑誌の後についている広告、そういうものを私たちは渇したものの水につくように捜した。そしてありもせぬ金を払って、そういうめずらしい本を丸善に註文した」(「丸善の二階」170頁)という。それに続いて、三十六年五月には、モウパッサンの『短篇集』、十冊か十二冊、安いセリースが届き、柳田君に二、三冊貸したとか、丸善に寄って取って来たばかりのハウプトマンの『沈鐘』とズウデルマンの『カッツェンステッヒ』とイプセンの『小アイヨルフ』、ビョルソンの山岳小説を持って渋谷の柳田(当時は松岡)の家へ持って行ったという。また、田山と柳田は、イブセン、ニィチェ、ドオデエ、ツルゲネフについてよく語りあい、柳田はロマンチックなものを好んだという。

それを窺わせるように、手帖の扉裏には、Paul Heyse の言葉 " Kein Einst und Drüben, Nur ein Jetzt und Hier" が書かれている。この言葉は、手帖の中(135頁)にも書かれており、わざわざ扉裏にまで大きく書き出しているということは、柳田にとってよほど大きな意味を持つ言葉であったのだろう。ちなみに、意味としては"昔と向うではなく、ただ現在とここ"ということである。同頁には、" early struggle for bread and knowledge"(生活と知識への原初的な闘い)というフレーズも記されている。

また、ちょっぽり山や、干潟瀬と同じ頁に、" Poem is, perhaps, a disease of humanity, as be pearl is the morbid matter of the diseased oyster."(詩とは、おそらく人間性の病いである。真珠が病みたる牡蠣の不健全なものであるように)という英文詩を挿入し、詩というものの存在を真珠と病める牡蠣との関係に例えている。大学二年生の柳田青年の文学的志向を示すものである。

一方で、社会学や、経済学、財政法、租税法、森林法など大学の講義のテキストのような本が、出版社名と一緒に定価も示し、記載されている。前述の個人の文学的志向とは対極にある実利的な学問の方が列挙されていることが興味深い。

手帖の終わり（190 頁）には、下記のようにある。

Kulturgeschichte　（文化の歴史）
moderne Geschichte　（現代史）
Franzoesische Sprache　（フランス語）
Oekonomik will　（経済学は公的な）
oeffentliches Recht　（権利を求めている）
Don Quixote　（ドンキホーテ）
Goethe's Leben　（ゲーテの生涯）　（　）は刀根

学問（世界の文化史の流れや公民の権利・経済という概念）と文学（ドンキホーテの生き方やゲーテの生涯）を結びつける壮大な構想（後の「救世済民」の思想）が芽生え始めていたのかもしれない。この手帖の後半部において、専門の学業に専念し、変化していく柳田が如実に読み取れるであろう。

資料４　「柳田國男手帖」に見られる文献

著者名	書名	発行所等	他
	Cassel's National Library Sindram a his Companion La Molbe Fonquet Undirie, and The Two Captains La Molbe Fonquet Victories of Love Conventry Patmore		
Carriere	Die Kunst in Zusammenhang der Kulturentwickelung		
Gofheim	Aufgabe der Kulturgeschichte		
Grupp	System in Geschichte der Kultur		
Honneger			
Klenim			
Lübke			
Ingram	History of Political Economy Ⅶ-12-7		
Cunningam	Use and Abuse of Money Ⅶ-6-25		
大蔵省主税局	租税法規纂要	博文館	七十五銭
永井法学士	商工地理学	博文館	三十五銭

著　者　名	書　　　名	発行所等	他
本多博士	造林学	博文館	三十五銭
奥田林学士	森林学	博文館	三十五銭
清水法学士	商業経済学	博文館	三十五銭
髙橋琢也	森林法論	明法堂	八十銭
※民法、商法ヲ通読スル事。参考書ヲ伴ヒテ。			
Ricards ヲ中心トシ地代論ヲ調査スル事。			
Patten	Premises of Pol. Economy	Philadelphia	1886
Caren ノ地代説ヲ develop セシモノ			
沢村農学士	農業経済学	馬喰町二、興文社	六十銭
Geddes and Thomson	Evolution of Sexes		
Westmark	History of Human Marriage		
Small	Introduction to the Study of Society		
Buckle	Introduction to Civilization		
Gidding	Principle of Sociology		
Word	Dynamic Sociology		
J. Baskman	Theory of Society		
Mcdonald	Abnormal Man		
Smith	Sociology and Statistics		
Freeman	Comparative Politics		
Freeman	Village Community		
Decrn	Asian Household		
Rakenhofen	Das Wesen der Polotik		
Albert Show	Continental municipal government		
Albert Show	Municipal Government in Great Britain		
W. Begehat	Economic Studies		
Woolsey	Communism and Socialism		
F. Behrends	Socialism and Christianity		
Hyndmam	Historical Bases of Socialism		
H. L. Smith	Economic Aspects of State-Socialism		
Rittie	Darwinism and Politics		
Cliff-Leslie	Land Systems and Industrial Economy		
Hermann	Slaatswirhsch apt liche Untersuchungen		
Schäffle	Ban n.Leben des Sozialen Kürpers		
	Heyse's Roman Children of world '93		
	In paradise '76		
	宗長東海のつと　八ノ一ノ三三九		
	宗祇集柴屋期 八ノ一ノ三三六		
	白河紀行（宗祇）8　465　524		

著　者　名	書　　　　名	発行所等	他
田尻氏訳	ボーリュウ財政論		
H.M.Hyndman	社会主義ノ歴史的根據		
H.Z.Smith	Economic Aspects of State-Socialism		
R.T.Ely	The Labour-Movements in America		
	地租條例、明治十七年三月布告七号、改正明治二十二年法律三十号　明治三十一年改正？ 十七年四月にて大蔵省号外達地租條例取扱心得		
フオンチイニン	農業孤立		
Thorold Roger	Indust. & Commerce History of England		←正しくは、commercial
Gibbin	History of Commerce in Europe		
Bruno Hil debrandt	Die Nationalökonomie der Gegenwalt und Zukunft		←正しくは、Hilderbrand
Walker Bagehot	Economic Studie		
R.T.Ely	近世佛独社会主義		
Stephen Dowell	"A History of Taxation and Taxes in England from the Earliest Times to the present days"	Assistant Solicitor of Inland Revenue, London,1884	
Brentano	On the History and Development of Guild and the Origin of Trade-Unions		
G.Kohn	鉄屋政策　3 Vols.		
普國工都省	Archiv für Eisen bahnwessen		
E. Sachs	交通政策		
E. Engel	蒸汽時代		
A. de Fainrlle	運輸法ノ改良		
A.Wegner	政府ト交通		
Walker	経済　邦譯あり		
Roscher	第四巻	'86. Stuttgart	
Ran	空白		
Sleni	Textbook of Finance		
D.Leloy-Beanlien	Frarte de la Science des Finances		
Edited by Joseph Korosi Director of the Bureau of Statistique of Brda -Dexth	Statistique Internationale des Ville	Paris, Guillanmin & Co. 1876-77	
F. de Parien	Traité des Inports		
A.J.Wilson	The National Budget, National Debt, Taxes and Rates	English Citizen Series London 1872	
ボーリウ、租税局譯	租税論		
ばっくすたあ	〃		
まっくろっく	〃		

著　者　名	書　　　名	発行所等	他
Schönberg	Oekonomische Encyklopädie	1886 第二版 Tübingen	
其中 Helferich	General principles of Taxation		
v. Scheel	Revenues from Gainful Pursuits		
Wagner	Direct Taxes		
Baron v. Reitzenstein	Local Taxation		
	Principles of Taxations （Popular Science Monthly） bis June '98		
Paulsen	Pedagogik		
	田島財政学　上、下	有斐閣	八十五箋
Weeder	Economic and social History in New England Ⅶ－12－16		
KonstantinBëlle	近世史		
Economy			
Lalor	Cyclopaedia 3　Ⅶ．2．5		
Prici	英国経済史　Ⅶ－12－8		
Raud	Economic History Ⅶ－12－9		
Rogers	He's, of Agr. and Price in Engl. Ⅶ－12－10		
Toynbee	Indus. Revol. in Engl. Ⅶ－12－15		

おわりに―はじめはじめの伊良湖物語から未来へ

万葉集の流離の麻績王に始まり、この地に住む人々がどのように暮らしてきたか、寺院の文書のみならず漁民からの風や魚の名、地名（山あて）などの聞き書きなど、本手帖は「民俗学」を提唱する前からの民俗の「採集手帖」と言える。

本手帖の冒頭部分においても、「日清役の頃明神山ニ望海樓を設けしこと」を憂い、「人間といふ弱けれどもさかしき加担者あり」と非難している。「伊勢の海」の末尾に置かれた「伊勢より来し人の語に、此頃其海峡に砲台築かんの企ありて、神嶋二百余戸の漁民は、志州の国崎に移さるべしなどいへり、伊良湖も亦如何あらん、願はしきものは平和なり」に見られるように、柳田がその土地の人びと、人間中心主義のヒューマニズムを求めていたことが窺われる。

本手帖の前半部分は、「遠野物語」ならぬ「伊良湖物語」となるべき豊富な内容である。柳田は、すでに明治三十一年の時点で、民俗の採集を行っていたことがわかり、本手帖が、瀬川清子の「採集手帖」と一緒に蔵されていたことからもわかるように、「採集手帖」のもととなるものであった。人々の暮らしを描く、漁の仕方、海難事故のこと、若者宿の話‥‥すべてが、「伊良湖物語」の骨格を作り上げている。

柳田は、文学との別れ（＝歌の別れ）をして民俗学へ移行したような表現をとる研究者も多いが、本手帖の存在によって、文学の中からすでに民俗誌「伊良湖ものがたり」が自然発生的に生まれていたということができよう。

（本稿は、2015 年日本民俗学会第 67 回年会発表「柳田國男とヒューマニズム―手帖「明治三十年伊勢海ノ資料」をもとに」を改めたものである。）

【謝辞】

本手帖の閲覧、資料撮影にあたっては、鹿角市立先人顕彰館小田嶋隆一先生にお世話になりました。また、本手帖が柳田のものであることに関しての特定は、東京学芸大学の石井正己先生にお世話になりました。柳田が田山花袋宛て、伊良湖から出した葉書の撮影に関しては、館林市教育委員会の阿部弥生さんにお世話になりました。お礼申します。

【参考資料・文献】

・岡田照子編著　『瀬川清子　女性民俗学研究者の軌跡』2012 年、岩田書院。

・大藤時彦・鎌田久子・高藤武馬「座談会「総索引・書誌・年譜」編集にあたって」定本柳田國男集月報 36『定本柳田國

男集』別巻第５、柳田國男集編纂委員會、筑摩書房、1971 年。
・瀬川清子『採集手帖（沿海地方用）、郷土生活研究採集手帖　全 24 冊』、瀬川清子研究会制作、2014 年、岩田書院。
・高橋　治「柳田国男の洋書体験一九〇〇――一九三〇――柳田国男所蔵洋書調査報告――」『柳田国男研究年報３　柳田国男・民俗の記述』柳田国男研究会編、2000 年、岩田書院。
・田山花袋　『東京の三十年』岩波文庫、1981 年、岩波書店。
・館林市教育委員会文化振興課　『田山花袋記念館研究叢書　第一巻　田山花袋宛柳田國男書簡集』1991 年、館林市。
・柳田國男　手帖「明治三十年伊勢海ノ資料」（鹿角市立先人顕彰館収蔵）
・柳田國男　『全国民俗誌叢書１　北小浦民俗誌』民俗学研究所、1949 年、三省堂。
・柳田國男　「伊勢の海」、「漫夏消息」『柳田國男全集』第 23 巻、2006 年、筑摩書房。
・柳田國男　「故郷七十年」『柳田國男全集』第 21 巻、1997 年、筑摩書房。
・柳田國男　「海南小記」『定本柳田國男集』第２巻、1962 年、筑摩書房。

あとがき

本2016年2月20日が、瀬川清子先生の三十三回忌であった。先生のお宅を何度もお訪ねし、その客間の本棚にご自身の「採集手帖」が収まっていたことは、今もまざまざと思い出せるのであるが、そこに柳田のこの黒い手帖があったかどうかは思い出せない。もし、あの時、この手帖がそこにあって、瀬川先生に直接この手帖のことを教えて頂くことができていれば…。今さらながらに、悔やまれてならない。

瀬川先生は、柳田の指導の下、昭和13年7月21日から8月16日にかけて、愛知県知多郡日間賀島、篠島、三重県志摩郡長岡村国崎、徳島県海部郡、愛知県幡豆郡へ調査に出ている。この柳田の手帖には、篠島の島影のスケッチや篠島の記述も見られる。海村調査へ赴く瀬川へ、自分の調査資料を基礎として学ぶようにという配慮があったのかもしれない。

鹿角市立先人顕彰館には、昭和10年10月9日消印の柳田が瀬川に宛てて、前に瀬川にもらったショッツルを五、六本買い入れて欲しいと依頼する葉書(葉書の下面は、百合の花野に立つ柳田の写真)も収蔵されている(「瀬川清子関係資料の収蔵状況Ⅰ」岡田照子・刀根卓代、『女性と経験』38号、115～116頁、2013年)。柳田と瀬川の親交ぶりがよく現れている葉書である。

依然として、瀬川の元へいつこの手帖が渡ったかは不明のままであるが、期せずして柳田國男生誕140年の翌年、影印本として刊行することができた。

柳田國男研究、民俗学研究、瀬川清子研究、明治文学史研究、その他、広い範囲の研究者にご活用いただきたいと願っている。

刊行にあたりましては、福田アジオ先生に、影印本刊行の意義に関し、玉稿を賜りました。有り難うございました。

鹿角市立先人顕彰館前館長　斎藤長八先生、鹿角市立先人顕彰館館長　小田嶋隆一先生には、ひとかたならぬご指導、ご高配を賜りました。厚くお礼申します。

影印本撮影にあたりましては、田中井純徳氏、印刷製本にあたりましては、磯野印刷代表の海見泰弘氏、担当の山出ゆみ子様他皆さまにご尽力いただきました。

出版に際しましては、岩田書院社長岩田博氏にお世話になりました。

多くの方々のお力添えによりまして、ここに刊行できますこと、感謝申します。

2016年柳田國男忌に

岡田照子
刀根卓代

――編著者紹介――

岡 田 照 子（おかだ　てるこ）

1927年、山形県鶴岡市生まれ。

大妻女子専門学校（現大妻女子大学）卒業。

1951年～54年　東北大学文学部研究生。

山形県立高校教諭、仙台市三島学園（現東北文化大学）兼任講師。

皇學館大学非常勤講師、林学園（現江南短期大学）助教授、岐阜女子大学教授、等歴任。

岐阜女子大学名誉教授。

主要著書

『家政史の基礎的研究』（光出版）

編著『白川家政録を読む』（大洋社）

共著『陸前北部の民俗』吉川弘文館、『民俗学の進展と課題』国書刊行会、『講座日本の民俗6』雄山閣出版、『家庭経営13講』ドメス出版、『家族・親族研究ノート戦前編・戦後編』クレス出版

編著『瀬川清子　女性民俗者の軌跡』岩田書院

自治体史編纂執筆

三重県伊勢市史・松坂市史・四日市市史・小俣町史・明和町史、他

平成18年度　教育功労者（文化功労）表彰（三重県）

所属学会　伊勢民俗学会（代表）、日本民俗学会、日本家政学会。女性民俗学研究会、他

刀 根 卓 代（とね　たくよ）

1958年　福岡生まれ。

1983年　筑波大学大学院地域研究研究科修了、国際学修士。

主要著作

「「妻」から「妣」への昇華―日本社会における「母性」性の最期―」『母たちの民俗誌』大藤ゆき編、1999年、岩田書院。

「二十歳の自伝」（翻刻）『瀬川清子　女性民俗学者の軌跡』岡田照子編、2012年、岩田書院。

「解説」『採集手帖（沿海地方用）、郷土生活研究採集手帖　全24冊』瀬川清子、2014年、岩田書院。

「瀬川清子と柳田國男―こころ持ちの民俗」『女性と経験』40号、2015年、女性民俗学研究会。

所属学会　女性民俗学研究会（代表）、日本民俗学会、日本文化人類学会、現代民俗学会、伊勢民俗学会、他。

柳田国男の手帖　定価〔本体 2500 円＋税〕
「明治三十年　伊勢海ノ資料」

編著者　岡田照子・刀根卓代
発行日　2016 年 10 月 1 日
発　行　伊勢民俗学会
発　売　有限会社　岩 田 書 院
〒 157-0062　東京都世田谷区南烏山 4-25-6-103
TEL　０３－３３２６－３７５７
FAX　０３－３３２６－６７８８
印刷・製本　磯 野 印 刷
〒 516-0101　三重県度会郡南伊勢町五ヶ所浦 3841
TEL　０５９９－６６－１５６７

ISBN 978-4-86602-802-6　C3039　¥2500E